KB142925

마구로센세의
여행 일본어
마스터

마구로센세의
여행 일본어 마스터

최유리·나인완 지음

bs
브레인스토어

저자의/말

지난 3년여간 코로나 블루를 잘 이겨 낸 우리에게 다시 여행의 시간이 찾아왔습니다. 일본 여행은 이런저런 이유로 그 시간이 더 길어지기도 했는데요. 이제는 부담, 걱정을 내려놓고 조금은 가벼운 마음으로 다시 일본을 찾을 수 있게 됐습니다. 『마구로센세의 여행 일본어 마스터』는 일본 여행에서의 여러 가지 상황들을

마구로센세
マグロせんせい

국적, 나이, 모든 것이 불명. 심지어 사람인지 초밥인지도 알 수 없다. 어딘가 게으르고 소심해 보이지만 '먹는' 일에 있어서 만큼은 열정으로 눈이 반짝거린다. 다시 마음 편히 일본 여행을 떠나 현지에서 일본 음식을 먹을 수 있다는 사실에 설렌다.

유리링
ユリリン

정체 불명의 일본어 요정. 소심하고 게으른 마구로센세가 포기하지 않고 일본어를 즐겁게 배워 나갈 수 있도록 늘 애쓴다.

쉽고 재미있게 미리 살펴볼 수 있게 도와주는 책입니다. 비행기, 공항, 대중교통, 거리, 관광지, 호텔, 식당, 쇼핑 상점, 긴급상황 등등 상황에 맞는 회화 표현과 어휘를 미리 알아두고 더 여유롭게 일본 여행을 즐겨보세요.

- 최유리 · 나인완

차 례

차 례

一

인사말

안녕하세요.
[콘니찌와]
こんにちは。

안녕하세요.
[콘니찌와]
こんにちは。

저기 실례합니다.
[아노, 스미마셍]
あの、すみません。

네.
[하이]
はい。

감사합니다.
[아리가또- 고자이마스]
ありがとう ございます。

천만에요.
[도-이따시마시떼]
どういたしまして。

죄송합니다.
[스미마셍]
すみません。

괜찮습니다.
[다이죠-부데스]
大丈夫です。

처음 뵙겠습니다.
[하지메마시떼]
はじめまして。

처음 뵙겠습니다.
[하지메마시떼]
はじめまして。

잘 부탁 드리겠습니다
[도-조, 요로시꾸 오네가이 시마스]
どうぞ、よろしく お願いします。

저야말로 잘 부탁 드리겠습니다.
[코찌라 코소 요로시꾸 오네가이 시마스]
こちらこそ よろしく お願いします。

— 인사말

잘 먹겠습니다.
[이따다끼마스]
いただきます。

맛있게 드세요. (천천히 드세요)
[도-조 고육끄리]
どうぞ ごゆっくり。

잘 먹었습니다.
[고찌소- 사마 데시따]
ごちそうさまでした。

1) 저, [   ]

저, 좀 괜찮을까요?
[아노, 촛또 이이데스까?]

あの、ちょっと いいですか？

2) [   ] 감사합니다.

정말 감사합니다.
[혼또-니 아리가또- 고자이마스]

ほんとう
本当に ありがとう ございます。

활용단어

대단히
[도-모]
どうも、

3) [   ] 죄송합니다.

정말 죄송합니다.
[혼또-니 스미마셍]

ほんとう
本当に すみません。

4) 그건 좀…

그건 좀…
[소레와 촛또]

それは ちょっと…

5) 아니오.

아니오.
[이이에]

いいえ。

이렇게도 쓸 수 있군요

예문으로 소개된 짧은 문장들을 외워두면 매우 유용합니다

1) 지금 바빠서요.

[이마, 이소이데 이루 노데]

今、急^{いそ}いでいるので。

2) 잘 모르겠어요.

[요꾸 와까리마셍]

よく わかりません。

3) 어디에서 (왔어요?)

[도찌라 까라?]

どちらから？

4) 일본어는 못합니다.

[니홍고와 데끼마셍]

日本語^{にほんご}は できません。

5) 영어는 못합니다.

[에-고와 데끼마셍]

英語^{えいご}は できません。

6) 일본어만 할 수 있어요.

[니홍고 시까 샤베레마셍]

日本語^{にほんご}しか しゃべれません。

7) 영어로 부탁합니다.

[에-고데 오네가이 시마스]

英語^{えいご}で お願^{ねが}いします。

일본의 공휴일

[1月]
성인의 날 | 1월 둘째 주 월요일

[2月]
건국기념일 | 2월 11일
일왕 탄생일 | 2월 23일

[3月]
춘분 | 3월 21일 무렵

[4月]
쇼와의 날 | 4월 29일

[5月]
헌법기념일 | 5월 3일
자연의 날 | 5월 4일
어린이날 | 5월 5일

[7月]
바다의 날 | 7월 셋째 주 월요일

[8月]
산의 날 | 8월 11일

[9月]
경로의 날 | 9월 셋째 주 월요일
추분 | 9월 23일 무렵

[10月]
체육의 날 | 10월 둘째 주 월요일

[11月]
문화의 날 | 11월 3일
근로감사의 날 | 11월 23일

신정을 중심으로 연말연시를 일주일 이상 쉬어요. 4월말에서 5월초에 걸쳐 골든 위크라 불리는 기간 동안 길게는 열흘가량 쉬기도 해요. 8월 중순에는 '오봉' 연휴로 일주일가량 쉬기도 해요.

二

비행기 & 공항에서

一 기내 문의 및 요청

제 자리가 어디인가요?
[와따시노 세끼와 도꼬 데스까?]
私の 席は どこですか？

좌석으로 안내해 드리겠습니다.
[오자세끼니 고안나이 시마스]
お座席に ご案内します。

여기 제 자리인데요.
[코꼬, 와따시노 세끼 데스께도]
ここ、私の 席ですけど。

아, 죄송합니다.
[아, 스미마셍]
あ、すみません。

담요 갖다 주세요. (담요 부탁합니다)
[모-후오 오네가이 시마스]
毛布を お願いします。

네, 잠시만 기다려 주세요.
[하이, 쇼-쇼- 오마찌 쿠다사이]
はい、少々 お待ち ください。

식사는 무엇으로 하시겠어요?
[쇼꾸지와 나니니 나사이 마스까?]
食事は 何に なさいますか？

뭐가 있나요?
[나니가 아리마스까?]
何が ありますか？

스테이크로 하겠습니다.
[스떼-끼니 시마스]
ステーキに します。

네, 알겠습니다.
[하이, 카시꼬마리 마시따]
はい、かしこまりました。

음료는 뭐로 하시겠어요?
[오노미모노와 나니니 나사이 마스까?]
お飲み物は 何に なさいますか？

커피 주세요.
[코-히- 쿠다사이]
コーヒー ください。

입국신고서 주시겠어요?
[뉴-꼬꾸 싱꼬꾸쇼 모라에 마스까?]
入国 申告書 もらえますか？

네, 여기 있습니다.
[하이, 도-조]
はい、どうぞ。

펜을 빌려주시겠어요?
[펜오 카시떼 모라에 마스까?]
ペンを 貸して もらえますか？

네, 여기 있습니다.
[하이, 도-조]
はい、どうぞ。

면세품을 사고 싶습니다만.
[멘제-힝오 카이따이 데스가]
免税品を 買いたいですが。

네, 어떤 걸로 하시겠어요?
[하이, 도레니 나사이 마스까?]
はい、どれに なさいますか？

これ ください。
[코레 쿠다사이]
이거 주세요.

1) [　　]은 어디인가요?

화장실은 어디인가요?
[토이레와 도꼬 데스까?]

トイレは　どこですか？

2) 제 [　　]인데요.

제 짐인데요.
[와따시노 니모쯔 데스께도]

<ruby>私<rt>わたし</rt></ruby>の　<ruby>荷物<rt>にもつ</rt></ruby>ですけど。

활용단어

휴대전화	펜	안전벨트
[케-따이]	[펭]	[시-또 베루또]
ケータイ	ペン	シートベルト

3) [　　] 갖다 주세요.
(부탁합니다)

헤드폰 갖다 주세요.
[헷도홍 오네가이 시마스]

ヘッドホン　お<ruby>願<rt>ねが</rt></ruby>いします。

활용단어

맥주
[비-루]
ビール

물
[오미즈]
お<ruby>水<rt>みず</rt></ruby>

4) [　　] 주시겠어요?

세관신고서 주시겠어요?
[제-캉 싱꼬꾸쇼 모라에 마스까?]

<ruby>税関申告書<rt>ぜいかんしんこくしょ</rt></ruby>　もらえますか？

활용단어

휴지
[팃슈]
ティッシュ

5) [　　]을 사고 싶습니다만.

이 와인을 사고 싶습니다만.
[코노 와잉오 카이따이 데스가]

この　ワインを　<ruby>買<rt>か</rt></ruby>いたいですが。

활용단어

이 화장품
[코노 케쇼-힝]
この<ruby>化粧品<rt>けしょうひん</rt></ruby>

23

1) 빈 자리로 옮겨도 될까요?

[아이떼루 세끼니 이도-시떼모 이이 데스까?]

空いてる 席に 移動しても いいですか？

2) 속이 안 좋습니다. 약을 부탁합니다.

[키붕가 와루이데스 쿠스리오 오네가이 시마스]

気分が 悪いです。薬を お願いします。

3) 면세품 판매는 끝났습니다.

[멘제-힝노 함바이와 슈-료- 이따시 마시따]

免税品の 販売は 終了いたしました。

4) 그 상품은 품절입니다.

[소노 쇼-힝와 우리끼레 데스]

その商品は 売り切れです。

5) 가방을 선반에 올리고 싶습니다.

[카방오 타나니 아게따인 데스]

かばんを 棚に 上げたいんです。

6) 노트북을 사용해도 될까요?

[노-또 파소콩오 츠깟떼모 이이 데스까?]

ノートパソコンを 使<ruby>っても<rt>つか</rt></ruby> いいですか？

7) 죄송한데, 의자를 좀 앞으로 해주시겠어요?

[스미마셍가, 세끼오 스꼬시 마에니 모도시떼 모라에 마스까?]

すみませんが、<ruby>席<rt>せき</rt></ruby>を <ruby>少<rt>すこ</rt></ruby>し <ruby>前<rt>まえ</rt></ruby>に <ruby>戻<rt>もど</rt></ruby>して もらえますか？

8) 식사는 필요 없습니다.

[쇼꾸지와 이리마셍]

<ruby>食事<rt>しょくじ</rt></ruby>は いりません。

二 공항 출입국 심사

방문 목적은 무엇입니까?
[호-몬노 모꾸떼끼와 난데스까?]
訪問の 目的は 何ですか?

관광입니다.
[캉꼬-데스]
観光です。

일본에서 며칠간 머물 예정입니까?
[니혼데 난니찌깡 타이자이스루 요테- 데스까?]
日本で 何日間 滞在する 予定ですか?

3일간입니다.
[믹까깡 데스]
三日間です。

어디에서 숙박할 예정입니까?
[도꼬니 오또마리노 요떼-데스까?]
どこに お泊りの 予定ですか?

시나가와의 프린스호텔입니다.
[시나가와 프린스 호떼루 데스]
品川プリンスホテルです。

양손의 검지를 스크린 위에 올려놓으세요.
[료-떼노 히또사시 유비오 코꼬니 오이떼 쿠다사이]
両手の 人差し指を
ここに 置いて ください。

이렇게요?
[코-데스까?]
こうですか？

카메라를 봐 주세요.
[카메라오 미떼 쿠다사이]
カメラを 見て ください。

됐나요?
[이이데스까?]
いいですか？

즐거운 여행하세요.
[오키오 쯔께떼]
お気を 付けて。

감사합니다.
[도-모]
どうも。

짐은 어디서 찾아야 하나요?
[니모쯔와 도꼬데 우께또리 마스까?]
荷物は どこで 受取りますか？

저쪽입니다.
[아찌라 데스]
あちらです。

제 짐이 없어요.
[와따시노 니모쯔가 아리마셍]
私の 荷物が ありません。

탑승권을 보여 주시겠어요?
[토-죠-껭오 미세떼 이따다께 마스까?]
搭乗券を 見せて いただけますか？

그거 제 가방입니다.
[소레, 와따시노 카방 데스요]
それ、 私の かばんですよ。

아, 죄송해요.
[아, 스미마셍]
あ、 すみません。

신고할 물건은 없나요?
[싱꼬꾸 스루 모노와 아리마셍까?]
申告する 物は ありませんか？

없습니다.
[아리마셍]
ありません。

가방을 열어 주세요.
[카방오 아께떼 쿠다사이]
かばんを 開けて ください。

네.
[하이]
はい。

짐은 이게 전부인가요?
[오니모쯔와 코레가 젬부데스까?]
お荷物は これが 全部ですか？

네, 그렇습니다.
[하이, 소-데스]
はい、そうです。

30 >> 31

1) [　　] 입니다.

출장 입니다.
[슛쵸- 데스]
しゅっちょう
出張 です。

[활용단어]

여행
[료꼬-]
りょこう
旅行

2) [　　] 간입니다.

일주일 간입니다.
[잇슈- 깡 데스]
いっしゅうかん
一週間 です。

[활용단어]

4일	5일
[욕까]	[이쯔까]
よっか	いつか
四日	**五日**

3) [　　] 입니다.

게스트하우스입니다.
[게스토 하우스 데스]
ゲストハウス です。

[활용단어]

친구 집	친척 집
[토모다찌노 이에]	[신세끼노 이에]
ともだち　いえ	しんせき　いえ
友達の家	**親戚の家**

31

4) [　] 카메라를 봐 주세요.

다시 한 번 카메라를 봐 주세요.
[모-이찌도 카메라오 미떼 쿠다사이]
もう一度 カメラを 見て ください。

활용단어

5초간
[고뵤-깡]
5秒間

5) [　]을 보여 주시겠어요?

비행기 티켓을 보여 주시겠어요?
[히꼬-끼노 치켓또오 미세떼 이따다께마스까?]
飛行機の　チケットを　見せて　いただけますか？

활용단어

수하물 보관증
[테니모쯔 호칸쇼-]
手荷物保管証

여권
[파스 포-또]
パスポート

1) 못 알아듣겠어요.

[요꾸 와까리마셍]

よく 分かりません。

**2) 한국인 통역사를
불러 주세요.**

[캉꼬꾸징노 츠-야꾸시오 욘데 쿠다사이]

韓国人の通訳士を
呼んで ください。

3) 입국심사는 어디인가요?

[뉴-꼬꾸 신사와 도꼬데스까?]

入国審査は どこですか？

4) 이쪽이 외국인용 줄인가요?

[코찌라가 가이꼬꾸징 요-노 레쯔 데스까?]

こちらが 外国人用の 列ですか？

5) 신고할 물건이 있어요.

[싱꼬꾸 스루 모노가 아리마스]

申告する 物が あります。

**6) 신고하려면
어디로 가야 하나요?**

[싱꼬꾸 스루니와

도꼬니 이께바 이이데스까?]

申告するには

どこに 行けば いいですか？

7) 이건 김치예요.

[코레와 키무찌 데스]

これは キムチです。

**8) 화장실은
밖으로 나가야 하나요?**

[토이레와 소또 데스까?]

トイレは 外ですか？

三 공항 터미널 이용

안내 센터는 어디인가요?
[인호메-숑 센따-와 도꼬데스까?]
インフォメーション センターは
どこですか？

저쪽에 파란 간판이 있는 곳입니다.
[아소꼬노 아오이 캄반노 토꼬로데스]
あそこの 青い 看板の ところです。

한국어 지도 있나요?
[캉꼬꾸고노 치즈 아리마스까?]
韓国語の 地図 ありますか？

영어 지도라면 있습니다만.
[에-고노 치즈나라 아리마스가]
英語の 地図なら ありますが。

리무진버스 표는 어디에서 살 수 있어요?
[리무징 바스노 킵뿌와 도꼬데 카에마스까?]
リムジンバスの 切符は
どこで 買えますか？

저쪽 매표소에서 살 수 있어요.
[아소꼬노 킵뿌우리바데 카에마스]
あそこの 切符売り場で 買えます。

신주쿠행 티켓을 사고 싶습니다만.
[신쥬꾸 유끼노 킵뿌오 카이따인 데스가]

新宿 行きの 切符を
買いたいんですが。

신주쿠 어디까지 가세요?
[신쥬꾸노 도찌라마데 이까레룬 데스까?]

新宿の どちらまで 行かれるんですか？

워싱턴호텔입니다.
[와싱톤 호떼루데스]

ワシントンホテルです。

신주쿠행 리무진 버스는 어디에서 타나요?
[신쥬꾸 유끼노 리무징 바스와 도꼬데 노레마스까?]

新宿 行きの リムジンバスは
どこで 乗れますか？

밖으로 나가서 오른쪽에 있는
3번 승강장입니다.
[소또니 데떼 미기가와노 삼방 노리바 데스]

外に 出て 右側の 3番 乗り場です。

전철은 어디에서 타나요?
[덴샤와 도꼬데 노레마스까?]

電車は どこで 乗れますか？

지하 1층입니다.
[치까 익까이 데스]
地下 1階です。

신주쿠행 표 2장 주세요.
[신쥬꾸 유끼노 킵뿌 니마이 쿠다사이]
新宿 行きの 切符 2枚 ください。

네, 3,000엔입니다.
[하이, 산젠엥 데스]
はい、3,000円です。

이 주소로 가 주세요.
[코노 쥬-쇼마데 오네가이 시마스]
この 住所まで お願いします。

네, 알겠습니다.
[하이, 카시꼬마리 마시따]
はい、かしこまりました。

짐을 트렁크에 넣을 까요?
[오니모쯔와 토랑끄니 이레마쇼-까?]
お荷物は トランクに
入れましょうか？

네, 부탁합니다.
[하이, 오네가이 시마스]
はい、お願いします。

1) 한국어 [   ] 있나요?

한국어 팜플렛 있나요?
[캉꼬꾸고노 팡후렛또 아리마스까?]

韓国語の パンフレット ありますか？
かんこくご

> **활용단어**
>
> 내비게이션
> [카-나비]
> **カーナビ**

2) [   ] 표는 어디에서 살 수 있어요?

전철 표는 어디에서 살 수 있어요?
[덴샤노 킵뿌와 도꼬데 카에마스까?]

電車の 切符は どこで 買えますか？
でんしゃ　きっぷ　　　　　　か

> **활용단어**
>
> 스카이라이너　　　　나리타 익스프레스
> [스카이라이나-]　　　[나리따 엑스프레스]
> **スカイライナー　　成田エクスプレス**
> 　　　　　　　　　　なりた

3) [   ]은 어디에서 타나요?

셔틀버스는 어디에서 타나요?
[샤토루 바스와 도꼬데 노레마스까?]

シャトルバスは どこで 乗れますか？
の

4) [   ]행 티켓을 사고 싶습니다만.

난바행 티켓을 사고 싶습니다만.
[남바 유끼노 킵뿌오 카이따인 데스가]

<ruby>難波<rt>なんば</rt></ruby><ruby>行<rt>ゆ</rt></ruby>きの　<ruby>切符<rt>きっぷ</rt></ruby>を　<ruby>買<rt>か</rt></ruby>いたいんですが。

활용단어

긴자	요코하마
[긴자]	[요꼬하마]
<ruby>銀座<rt>ぎんざ</rt></ruby>	<ruby>横浜<rt>よこはま</rt></ruby>

5) 신주쿠행 표 [   ] 주세요.

신주쿠행 표 1장 주세요.
[신쥬꾸 유끼노 킵뿌 이찌마이 쿠다사이]

<ruby>新宿<rt>しんじゅく</rt></ruby><ruby>行<rt>ゆ</rt></ruby>きの　<ruby>切符<rt>きっぷ</rt></ruby>　1<ruby>枚<rt>まい</rt></ruby>　ください。

6) [   ]로 가 주세요.

힐튼호텔로 가 주세요.
[히루통 호테루 마데 오네가이 시마스]

ヒルトンホテル　まで　お<ruby>願<rt>ねが</rt></ruby>いします。

활용단어

레고랜드
[레고란도]
レゴランド

도요스 수산시장
[토요스 시쵸-]
<ruby>豊洲市場<rt>とよすしじょう</rt></ruby>

1) 환전하려고 하는데요.

[가이카 료-가에오 시따인 데스께도]

<ruby>外貨両替<rt>がいかりょうがえ</rt></ruby>を したいんですけど。

2) 죄송하지만, 환불할 수 있을까요?

[스미마셍가 하라이모도시와 데끼마스까?]

<ruby>払<rt>はら</rt></ruby>い<ruby>戻<rt>もど</rt></ruby>しは できますか？

すみませんが、払い戻しは できますか？

3) 출발은 언제인가요?

[슙빠쯔와 이쯔데스까?]

<ruby>出発<rt>しゅっぱつ</rt></ruby>は いつですか？

4) 저기요, 이 버스, 아사쿠사에 가나요?

[스미마셍 코노 바스, 아사꾸사에 이끼마스까?]

すみません、このバス、<ruby>浅草<rt>あさくさ</rt></ruby>へ <ruby>行<rt>い</rt></ruby>きますか？

5) 시나가와까지 전철로 얼마나 걸리나요?

[시나가와 마데 덴샤데 도노쿠라이 카까리마스까?]

<ruby>品川<rt>しながわ</rt></ruby>まで <ruby>電車<rt>でんしゃ</rt></ruby>で どのくらい かかりますか？

6) 전철 막차는 몇 시인가요?

[슈-뎅와 난지 데스까?]

しゅうでん　なんじ
終電は 何時ですか？

7) 첫차는 몇 시인가요?

[시하쯔와 난지 데스까?]

しはつ　なんじ
始発は 何時ですか？

8) 다음 역이 어디입니까?

[츠기노 에끼와 도꼬데스까?]

つぎ　えき
次の 駅は どこですか？

9) 나카노역에 도착하면 알려주시겠어요?

[나까노 에끼니 츠이따라 오시에떼 모라에 마셍까?]

なかのえき　つ　おし
中野駅に 着いたら 教えて もらえませんか？

도쿄의 두 공항

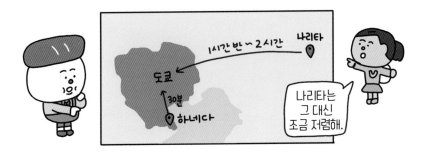

일본의 수도 도쿄는 두 군데의 공항이 있어요. 마치 외국에서 서울로 들어오는 공항이 인천공항과 김포공항이 있는 것과 마찬가지로 나리타 공항과 하네다 공항이 있어요. 나리타 공항은 인천공항처럼 주소지가 도쿄가 아니에요. 시내까지는 교통수단에 따라 1시간 반에서 2시간가량 걸려요. 대신 저가 항공권이 종종 나와요. 또 하나의 공항은 우리나라 김포공항과 마찬가지로 도쿄도에 있는 하네다 공항이에요. 도심까지는 30분가량 걸려요. 그러다 보니 접근성이 좋은 하네다 공항을 선호하시는 분들이 많아졌어요. 각각의 공항마다 장단점이 있으니, 잘 비교해 보고 여행스타일에 맞는 공항을 선택하세요!

三

대중교통에서

버스 & 지하철 & 택시

저기요, 버스 정류장은 어디입니까?
[스미마셍가, 바스떼-와 도꼬데스까?]
すみませんが、バス停は どこですか？

곧장 가세요.
[맛스그 잇떼 쿠다사이]
まっすぐ 行って ください。

몇 번 버스를 타면 됩니까?
[남방노 바스니 노레바 이이데스까?]
何番の バスに 乗れば いいですか？

쿠로09번을 타세요.
[쿠로 큐-방니 놋떼 쿠다사이]
黒09番に 乗って ください。

요금은 얼마인가요?
[료-킹와 이꾸라 데스까?]
料金は いくらですか？

기본 요금이 160엔부터입니다.
[키혼 료-킹가 햐꾸 로꾸쥬-엔 까라데스]
基本料金は 160円からです。

메구로역에 도착하면 알려주시겠어요?
[메구로 에끼니 츠이따라 오시에떼 모라에 마스까?]
目黒駅に 着いたら
教えて もらえますか？

네, 알겠어요.
[하이, 와까리마시따]
はい、わかりました。

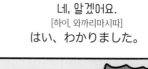

다음에 내리세요.
[츠기데 오리떼 쿠다사이]
次で 降りて ください。

알았어요. 고마워요.
[와까리마시따, 도-모]
わかりました、どうも。

가장 가까운 역이 어딘가요?
[모요리노 에끼와 도꼬데스까?]
最寄りの 駅は どこですか？

이 길을 곧장 가면, 나카메구로역이에요.
[코노 미찌오 맛스그 이끄또, 나까메구로 에끼데스]
この道を まっすぐ 行くと、
中目黒駅です。

표는 어디에서 삽니까?
[킵뿌와 도꼬데 카에마스까?]
切符は どこで 買えますか？

저기에 자동판매기가 있어요.
[아소꼬니 지도- 함바이끼가 아리마스]
あそこに 自動販売機が あります。

야마노테선은 어디에서 갈아탑니까?
[야마노테 센와 도꼬데 노리카에 마스까?]
山手線は どこで 乗り換えますか？

이케부쿠로역에서 갈아타세요.
[이께부꾸로 에끼데 노리카에떼 쿠다사이]
池袋駅で 乗り換えて ください。

몇 번 홈에서 타면 됩니까?
[남방 호-무데 노레바 이이데스까?]
何番 ホームで 乗れば いいですか？

5번 홈에서 타세요.
[고방 호-무데 놋떼 쿠다사이]
5番 ホームで 乗って ください。

정산은 어디에서 하나요?
[세-상와 도꼬데 시마스까?]
精算は どこで しますか？

개찰구 근처에 정산기가 있어요.
[카이사쯔 구찌노 아따리니 세-상끼가 아리마스]
改札口の あたりに 精算機が あります。

지브리 미술관은 어느 출구인가요?
[지브리 비쥬쯔깡와 도노 데구찌 데스까?]
ジブリ美術館は どの 出口ですか？

남쪽 출구예요.
[미나미 구찌 데스]
南口です。

(택시) 트렁크 좀 열어주세요.
[우시로노 토랑크 아께떼 쿠다사이]
後ろの トランク 開けて ください。

네.
[하이]
はい。

이 주소로 가 주세요.
[코노 쥬-쇼마데 오네가이 시마스]
この 住所まで お願いします。

네, 내비게이션으로 검색하겠습니다.
잠시 기다려 주세요.
[하이, 카-나비데 켄사꾸 시마스,
쇼-쇼-오마찌 쿠다사이]
はい、カーナビで 検索します、
少々 お待ち ください。

여기 세워주세요.
[코꼬데 토메떼 쿠다사이]
ここで 止めて ください。

네, 여기말이죠?
[하이 코꼬데스네]
はい、ここですね。

카드로 할게요.
[크레짓또 카-도데 오네가이 시마스]
クレジットカードで お願いします。

네, 잠시만 기다리세요.
[하이, 쇼-쇼- 오마찌 쿠다사이]
はい、少々 お待ち ください。

1) [　]는 어디인가요?

택시 타는 곳은 어디인가요?
[탁시-노리바와 도꼬데스까?]

タクシー乗り場は どこですか？

활용단어

역
[에끼]
駅

2) [　] 가세요.

오른쪽으로 꺾어서 가세요.
[미기니 마갓떼 쿠다사이]

右に 曲がって ください。

활용단어

왼쪽으로 꺾어서	횡단보도를 건너서
[히다리니 마갓떼]	[오-단호도-오 와땃떼]
左に 曲がって	横断歩道を 渡って

3) [　]를 타면 됩니까?

무슨 노선을 타면 됩니까?
[나니센니 노레바 이이데스까?]

何線に 乗れば いいですか？

4) [　], 나카메구로역이에요.

오른쪽으로 꺾으면, 나카메구로역이에요.
[미기니 마가루또, 나까메구로 에끼데스]

右に 曲がると、中目黒駅です。

5) [   ]는 어디에서 삽니까?

스이카는 어디에서 삽니까?

[스이까와 도꼬데 카에마스까?]

スイカは どこで 買^かえますか？

활용단어

승차권	특급권
[죠-샤껭]	[톡뀨-껭]
乗車券^{じょうしゃけん}	特急券^{とっきゅうけん}

6) [   ]에서 타면 됩니까?

몇 번 승강장에서 타면 됩니까?

[남방 노리바데 노레바 이이데스까?]

何番^{なんばん} 乗^のり場^ばで
乗^のれば いいですか？

7) [   ]쪽 출구예요.

북쪽 출구예요.

[키따 구찌 데스]

北口^{きたぐち} です。

활용단어

서	동
[니시]	[히가시]
西^{にし}	東^{ひがし}

8) [   ]으로 가 주세요.

가장 가까운 역으로 가 주세요.

[모요리노 에끼 마데 오네가이 시마스]

最寄^{もよ}りの 駅^{えき}まで お願^{ねが}いします。

활용단어

공항

[쿠-꼬-]

空港^{くうこう}

1) 기본요금은 얼마예요?

[키홍 료-킹와 이꾸라 데스까?]

きほんりょうきん
基本料金は いくらですか？

2) 트렁크가 안 열려요.

[토랑끄가 아까나인 데스]

あ
トランクが 開かないんです。

3) 조금 서둘러 주세요.

[모- 스꼬시 이소이데 모라에 마스까?]

すこ いそ
もう 少し 急いで もらえますか？

4) 잔돈은 됐어요.

[오쯔리와 이이데스]

つ
お釣りは いいです。

5) 영수증 부탁합니다.

[레시-또 오네가이 시마스]

ねが
レシート お願いします。

6) 반대쪽이예요.

[한따이 가와 데스]

はんたいがわ
反対側です。

7) 문이 안 닫혔어요.

[도아가 시맛떼 마셍]

し
ドアが 閉まってません。

8) 창문 좀 닫아 주시겠어요?

[마도오 시메떼 모라에 마스까?]

窓を 閉めて もらえますか？

9) 실수로 반대쪽 개찰구로 들어와 버렸어요.

[아야맛떼 한따이 호-꼬-노 카이사쯔 까라 하잇쨧딴 데스]

誤って 反対方向の 改札から 入っちゃったんです。

10) 반대 방향으로 갈아타려면 어디로 가면 되나요?

[한따이노 호-꼬-니 노리카에루 니와 도꼬니 이께바 이이데스까?]

反対の 方向に 乗り換えるには どこに 行けば いいですか？

11) 이 전철은 에노시마행인가요?

[코노 덴샤와 에노시마 유끼데스까?]

この 電車は 江ノ島行きですか？

12) 이 전철은 요요기역에 서나요?

[코노 덴샤와 요요기 에끼니 토마리 마스까?]

この 電車は 代々木駅に 止まりますか？

밥그릇을 들고 먹는 일본

일본에서는 밥을 먹을 때 밥그릇을 들고 먹어요. 가장 큰 이유로 알려진 것은 바로
숟가락을 사용하지 않고 젓가락만 사용하는 전통적인 식문화 때문이라고 해요. 물
론 일본에도 숟가락은 있어요. 하지만 일반적으로는 밥을 먹을 때 사용하지 않아
요. 그래서 음식을 먹기 편하도록 자연스럽게 밥그릇을 들고 먹게 된 거예요.
그러다 보니 식기도 가벼운 나무재질을 사용하고, 손에 잡기 편한 디자인으로 발
전하게 된 거죠. 저도 처음에는 어색했지만, 밥그릇 들고 먹으면 좋은 점도 있어
요. 밥 먹을 때 허리나 목을 숙이지 않아도 된다는 거예요.

二 신칸센 열차 & 렌터카

표는 어디에서 삽니까?
[킵뿌와 도꼬데 카에마스까?]
切符は どこで 買えますか？

저기에 발권기가 있어요.
[아소꼬니 학껭끼가 아리마스]
あそこに 発券機が あります。

녹색 창구(신칸센 티켓 판매소)는
어디입니까?
[미도리노 마도구찌와 도꼬데스까?]
みどりの 窓口は どこですか？

2층입니다.
[니까이데스]
2階です。

도쿄행, 다음 신칸센은 몇 시입니까?
[토-꾜-유끼, 쯔기노 싱깐센와 난지데스까?]
東京行き、
次の 新幹線は 何時ですか？

1시 20분 출발이 있습니다.
[이찌지 니줍뽕 하쯔가 아리마스]
1時 20分 発が あります。

도쿄까지 편도 한 장 주세요.
[토-꾜-마데 카따미찌 이찌마이 오네가이 시마스]
東京まで 片道 1枚 お願いします。

지정석이 10,000엔,
자유석이 7,000엔입니다.
[시떼-세끼가 이찌망엥,
지유-세끼가 나나셍엥 데스]
指定席が 10,000円、
自由席が 7,000円です。

자유석으로 하겠습니다.
[지유-세끼니 시마스]
自由席に します。

도쿄행, 편도, 자유석 한 장이죠?
[토-꾜-유끼, 카따미찌, 지유-세끼 이찌마이데스네]
東京行き、 片道、 自由席 1枚ですね。

금연석과 흡연석이 있습니다.
[킹엔 세끼또 키쯔엔 세끼가 아리마스가]
禁煙席と 喫煙席が ありますが。

금연석으로 부탁합니다.
[킹엔 세끼데 오네가이 시마스]
禁煙席で お願いします。

네, 7,000엔입니다.
[하이, 나나셍엥데스]
はい、7,000円です。

네, 카드로 부탁합니다.
[하이 크레짓또 카-도데 오네가이 시마스]
はい、クレジットカードで
お願いします。

신칸센은 어디서 타나요?
[싱깐센와 도꼬데 노레마스까?]
新幹線は どこで 乗れますか？

1번 승강장입니다.
[이찌방 노리바데스]
1番 乗り場です。

이 신칸센은 몇 번 홈에서
타면 됩니까?
[코노 싱깐센와 남방 호-무데
노레바 이이데스까?]
この 新幹線は 何番 ホームで 乗れば
いいですか？

4번 홈에서 타세요.
[욤방 호-무데 놋떼 쿠다사이]
4番 ホームで 乗って ください。

三 대중교통에서

(렌터카를) 예약한 마구로센세입니다.
[요야꾸 시따 마구로센세- 데스]
予約した マグロ先生です。

마구로센세님이시죠?
[마구로센세- 사마 데스네?]
マグロ先生 様ですね。

예약번호를 알고 계신가요?
[요야꾸 방고-오 고존지 데스까?]
予約番号を ご存知ですか？

네, 여기요.
[하이, 코레데스]
はい、これです。

국제면허증과 여권 부탁 드립니다.
[콕사이 멩꾜쇼-또 파스포-또 오네가이 시마스]

国際免許証と パスポート お願いします。

네.
[하이]
はい。

복사를 하겠습니다.
[코피- 사세떼 이따다끼마스]

コピーさせて いただきます。

네.
[하이]
はい。

소형으로 오토매틱 차를 예약하셨네요.
[코가따노 오-또 마찍꾸 샤오
요야꾸 나사이 마시따네]

小型の オートマチック 車を
予約なさいましたね。

네, 그렇습니다.
[하이 소-데스]

はい、そうです。

확인하시고 여기에 사인 부탁드립니다
[고카꾸닝노 우에,
코꼬니 사인오 오네가이 시마스]

ご確認の上、
ここに サインを お願いします。

여기요?
[코꼬데스까?]

ここですか？

IC카드와 내비게이션은 사용하시나요?
[아이씨 카-도 또 카-나비와
고리요-니 나라레 마스까?]
ICカードと カーナビは
ご利用に なられますか？

네, 사용합니다.
[하이, 츠까이마스]
はい、使います。

긴급상황 때는 이 번호로
전화하십시오.
[킨큐- 지타이니와 코노 뎅와 방고-니
고렌라꾸 쿠다사이]
緊急事態には この 電話番号に
ご連絡ください。

한국어를 사용할 수 있나요?
[캉꼬구고가 츠까에마스까?]
韓国語が 使えますか？

한국어 또는 영어 대응이 가능합니다.
[캉꼬꾸고 마따와 에-고노 타이오-가
카노-데스]
韓国語 または 英語の 対応が
可能です。

1) [　] 입니다.

1층입니다.

[익까이 데스]

^{かい}
1階です。

> **활용단어**
>
> 지하 1층
> [치카 익까이]
> ^{ちか　かい}
> **地下1階**

2) [　]행, 다음 신칸센은 몇 시입니까?

오사카행, 다음 신칸센은 몇 시입니까?

[오-사카유끼, 츠기노 싱깐센와 난지 데스까?]

^{おおさか ゆ}
大阪行き、

^{つぎ　　しんかんせん　　なんじ}
次の　新幹線は　何時ですか？

> **활용단어**
>
> 하카타
> [하까타]
> ^{はかた}
> **博多**
>
> 교토
> [교-또]
> ^{きょうと}
> **京都**

3) [　] 한 장 주세요.

왕복 한 장 주세요.

[오-후꾸 이찌마이 쿠다사이]

^{おうふく　　まい}
往復　1枚　ください。

4) [　]를 부탁합니다.

본인 명의의 신용카드를 부탁합니다.

[혼닝 메-기노 크레짓또 카-도오
오네가이 시마스]

^{ほんにんめいぎ}
本人名義の　クレジットカードを

^{ねが}
お願いします。

> **활용단어**
>
> 긴급연락처
> [킨큐- 렌락쿠 사키]
> ^{きんきゅうれんらくさき}
> **緊急連絡先**

5) [　]은 사용하시나요?

베이비시트는 사용하시나요?

[베비-시-또와 고리요-니 나라레마스까?]

ベビーシートは

^{りよう}
ご利用に　なられますか？

> **활용단어**
>
> 블랙박스
> [도라이브 레꼬-다-]
> **ドライブレコーダー**

1) 이 표를 취소하고 싶습니다.

[코노 킵뿌오 캰세루 시따인데스]

この 切符を キャンセル したいんです。

2) 이 표는 취소할 수 없습니다.

[코노 킵뿌와 캰세루 데끼마셍]

この 切符は キャンセル できません。

3) 표를 잃어버렸어요.

[킵뿌오 나꾸시떼 시마이 마시따]

切符を なくして しまいました。

4) 열차를 잘못 탔어요.

[렛샤오 노리 마찌가에 마시따]

列車を 乗り間違えました。

5) 이 신용카드는 사용하실 수 없습니다.

[코노 크레짓또 카-도와 고리요-니 나레마셍]

この クレジットカードは ご利用に なれません。

6) 현금만 받습니다.

[겡낑 노미또 나리마스]

現金 のみと なります。

7) 현금이 없어요.

[겡낑가 아리마셍]

げんきん
現金が ありません。

8) 이 자동차는 금연차입니다.

[코노 쿠루마와 킹엔샤데 고자이마스]

　　　　　しゃ　　きんえんしゃ
この 車は 禁煙車で ございます。

9) 여기 흠집이 있어요.

[코꼬니 키즈가 아리마스]

　　　きず
ここに 傷が あります。

10) 흠집을 내버렸어요.

[키즈오 츠께떼 시마이 마시따]

きず　　っ
傷を 付けて しまいました。

11) 기름을 가득 채워주세요.

[만땅니 시떼 쿠다사이]

まん
満タンに して ください。

67

부록

일본의 대중교통

일본여행의 교통수단은 보통 네 가지가 있습니다.

지하철(열차)

버스

택시

렌터카

대부분은 아마 지하철(기차)과 버스를 많이 이용하실 텐데요.

그 이유는

➊ 택시는... 많이 비싸다.

➋ 렌터카는 도심을 여행할 것이라면 굳이 필요가 없다.

➌ 렌터카는 지역 간 이동 시 톨게이트 비용이 생각보다 꽤 많이 든다.

도쿄메트로

난카이

게이세이 전철

한큐

JR
(준공영 철도)

등등...

일본지하철의 가장 큰 특징은 지하철 노선을 소유한 회사가 굉장히 많다는 점입니다. 일본의 수도권 전철망 노선수는 약 100개 이상으로 세계 최대의 도시광역철도 교통망을 가지고 있습니다. 그래서 회사마다 요금제도 다르고 환승 할인도 거의 없다시피 합니다.

가장 번화가인 신주쿠역은 노선이 많이 지나가게 되는데, 무려 약 200개의 출구가 있기 때문에 이런 거대한 규모의 역에 가면 혼란스러울 수 밖에 없습니다.
어떻게 하면 똑부러지게 일본 지하철을 탈 수 있을까 한번 알아볼까요?

➖ 꼭 타려는 노선이 표기된 입구로 들어가야 합니다.

역 이름이 같아도 타려고 하는 노선이 표기되지 않은 입구로 들어갔을 시, 그 노선의 개찰구를 못 찾을 수도 있습니다.

＊ 구글 맵으로 경로를 검색하면 타려는 노선의 입구와 출구 위치의 경로가 나옵니다.

➗ 환승시 같은 역이라도 모든 노선의 환승 통로가 한번에 연결되지 않습니다.

역 이름은 같지만 노선이 다를 경우 개찰구로 나와 표를 다시 구입하여 들어가야 합니다. 어떤 때는 지상으로 나왔다가 다시 다른 입구로 들어가는 경우도 있습니다. (몇몇 경우는 환승 금액 처리가 있지만 그것도 혜택이 매우 적습니다.)

일본의 지하철

🚊 지하철표 구입하는 법

1) 지하철 노선도를 보고
가려고 하는 역까지의 요금을 확인

2) 발권기에서 표 선택

3) 확인했던 숫자와
똑같은 금액 누르기

4) 현금 투입

도쿄 메트로

G	**M**	**H**
銀座線	丸ノ内	日比谷線
긴자선	마루노우치선	히비야선
T	**C**	**Y**
東西線	千代田線	有楽町線
도자이선	치요다선	유락쵸선
Z	**N**	**F**
半蔵門線	南北線	副都心線
한죠몬선	난보쿠선	후쿠토신선

도에이 지하철

A	**I**
浅草線	三田線
아사쿠사선	미타선
S	**E**
新宿線	大江戸線
신주쿠선	오에도선

현금으로 표 구입시 원래 구입한 역보다 멀리 이동하게 되어서 추가요금이 생길 때 승무원에게 표를 보여주고 추가요금을 내거나, 개찰구를 나가기 전에 있는 정산기를 쓸 수도 있습니다.

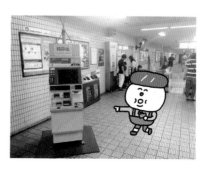

㒣 다양한 열차 운행 방식이 있습니다.

우리나라 지하철의 경우 보통, 급행 정도가 있지만 일본은 보통, 통근 근행, 급행, 준특급, 특급, 구간 쾌속 등 여러 가지 운행 방식이 있습니다.

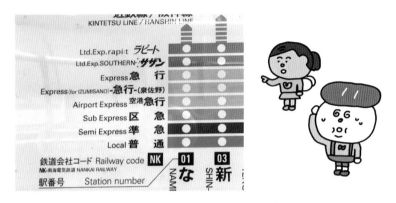

㕝 노선이 복잡한 대도시에서는 교통카드가 마음이 편합니다.

이렇게 지하철이 굉장히 복잡하기 때문에 일일이 갈아탈 때마다 요금을 계산하는 것은 매우 힘이 듭니다. 교통카드를 구입하면 거의 모든 회사 지하철 노선과 버스에서도 사용이 가능해 탈 때마다 금액을 계산해야는 번거로움이 줄어듭니다. 구입은 해당 카드가 표기된 발매기에서 가능합니다.

주로 관광객들이 많이 쓰는 교통카드는 파스모, 스이카 두 가지로 나뉩니다.
지역마다 여러 카드가 있지만 이 두 가지는 거의 모든 지역에서 사용할 수 있습니다.

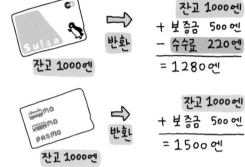

초기 구입 시 가격은 대부분 2,000엔으로, 이중 500엔은 보증금입니다. 보증금은 카드 환불 시 돌려받을 수 있고, 카드 환불은 그 카드를 취급하는 곳에서만 가능합니다. 파스모를 제외한 카드는 보증금 환불 시 수수료(220엔)가 생깁니다.

六 크기가 큰 역은 가로질러 가야 할때는 조심해야 합니다.

큰 역들은 내부가 미로처럼 되어 있기 때문에 '대충 역 안에서 방향만 맞게 가면 나오겠지'라는 생각은 위험합니다. 꼭 지도를 보고 통로를 찾아 나가는 것을 추천합니다. 그렇지 않으면 역 안에서 빙빙 돌고 있을지도...

역의 지도에서 찾을수 있는 통로 안내

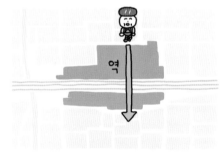

한 번에 가로질러 지나가자!

🚌 여러가지 노선이 많고 넓은 역에서 길찾기

우리나라처럼 노선을 숫자로 표기하지 않고 여러 가지 방향, 운행 타입, 많은 트랙이 있기 때문에 헷갈릴 수 있습니다. 아래 순서를 잘 따라해보세요.

1) 타려는 노선의 이름부터 알아두고 개찰구를 찾는다.

2) 무슨 행인지

3) 노선 운행 타입

4) 타려는 타입의 시간

5) 몇 번 트랙인지 알고 타면 끝!

일본의 버스 타는 법은 지하철에 비하면 어렵지 않습니다.

하지만 살짝 다른 점이 있으니 알아 볼까요?

뒷문으로 승차

탑승과 동시에 표를 뽑습니다.

맨앞 모니터에 번호가 적혀있습니다.

탑승권에 나온 번호의 숫자가
나의 요금입니다.

내릴 역이 다가오면
그 숫자만큼의 금액을 준비하고
하차 버튼을 누릅니다.

기사님 옆 통에 돈을 넣고
앞문으로 내립니다.

탈 때	내릴 때

여기서 문제는 현금으로 버스를 타면 앞의 숫자를 계속 확인하는 게 굉장히 신경이 쓰이기 때문에... 버스를 이용할 때는 교통 카드를 추천합니다.

일본은 요금 폭이 우리나라보다 매우 크고 환승이 없거나 혜택
이 굉장히 작기 때문에 여행시 교통비가 차지하는 비중을 무시
할 수 없습니다. 그렇기 때문에 여행자들을 위해 일정 기간 동
안 정해진 지하철, 버스 노선들을 무제한으로 이용할 수 있는
교통패스가 잘 발달되어 있습니다.

하지만 가격이 만만치 않고 노선이 정해져 있어 반대로 한정적인 여행루트를 다녀야 할
지도 모릅니다.

자전거 주의

일본은 인도에 자전거가 굉장히 많습니다. 아침과 저녁에 자전거로 출퇴근하는 사람도 많아요. 인도에서 옆으로 움직일 때 항상 뒤에 오는 자전거를 확인하세요.

아주 작은 횡단보도

우리나라였으면 그냥 건너가도 상관없을 작은 건널목에 신호등이 있는 경우가 간혹 있습니다. 직진하는 차와 부딪히지 않게 조심하세요.

四

거리 & 관광지에서

一

길찾기

실례합니다, 말씀 좀 묻겠습니다.
[스미마셍, 촛또 오끼끼 시따인 데스가]
すみません、
ちょっと お聞き したいんですが。

네, 뭐죠?
[하이, 난데쇼-까?]
はい、何でしょうか？

편의점을 찾고 있습니다만.
[콤비니오 사가시떼 이룬 데스가]
コンビニを 探して いるんですが。

편의점이라면 역 근처에 있어요.
[콤비니나라 에끼노 소바니 아리마스]
コンビニなら 駅の そばに あります。

역에는 어떻게 가야 하나요?
[에끼니와 도-얏떼 이끼마스까?]
駅には どうやって 行きますか？

곧장 가서, 오른쪽이에요.
[맛스구 잇떼 미기데스]
まっすぐ 行って 右です。

걸어서 어느 정도 걸리나요?
[아루이떼 도노 구라이 데스까?]
歩いて どの ぐらいですか？

30분정도예요.
[산쥼뿡 구라이데스]
30分 ぐらいです。

걸어서 갈 수 있어요?
[아루이떼 이께마스까?]
歩いて 行けますか？

걸어서는 무리라고 생각해요.
[아루이떼와 무리다또 오모이마스]
歩いては 無理だと 思います。

택시로 가는 편이 좋아요.
[탁시-데 잇따 호-가 이이데스요]
タクシーで 行った 方が いいですよ。

택시로 얼마나 걸리나요?
[탁시-데 도노 구라이 카까리 마스까?]
タクシーで どの ぐらい
かかりますか？

무슨 일이에요?
[도-까 시마시따까?]
どうか しましたか？

길을 잃어버렸어요.
[미찌니 마요이마시따]
道に 迷いました。

(지도를 보여주며) 여기는 어디쯤인가요?
[코꼬와 도노 아따리 데스까?]
ここは どの 辺りですか？

음, 여기는... 잠깐 줘보세요.
[에-또, 코꼬와… 춋또 카시떼 쿠다사이]
えーと、ここは…
ちょっと 貸してください。

하라주쿠 방면은 이 길이 맞나요?
[하라쥬꾸 호-멘와 코노 미찌데 앗떼 마스까?]
原宿 方面は
この 道で あって ますか？

하라주쿠라면 온 길을 되돌아 가세요.
[하라쥬꾸 나라 키따 미찌오 모돗떼 쿠다사이]
原宿なら
来た 道を 戻って ください。

걸어갈 수 있나요?
[아루이떼 이께마스까?]

歩いて 行けますか？

네, 갈 수 있어요.
저 모퉁이를 꺾으면 바로예요.
[하이, 이께마스, 아노 카도오 마가루또 스그데스]

はい、行けます、
あの 角を 曲がると すぐです。

저를 따라오세요.
[와따시니 츠이떼 키떼 쿠다사이]

私に 付いて 来て ください。

네, 감사해요.
[하이, 아리가또- 고자이마스]

はい、ありがとう ございます。

이 근처에 ATM이 있나요?
[코노 아따리니 에-띠-에무가 아리마스까?]

この 辺りに
エーティーエムが ありますか？

저기, 백화점 안에 있어요.
[아소꼬노 데빠-또노 나까니 아리마스]

あそこの デパートの 中に あります。

1) [　]을 찾고 있습니다만.

약국을 찾고 있습니다만.

[쿠스리야오 사가시떼 이룬데스가]

薬屋を 探して いるんですが。

활용단어

슈퍼마켓

[스-파-]

スーパー

2) [　] 근처에 있어요.

백화점 근처에 있어요.

[데빠-또노 소바니 아리마스]

デパートの そばに あります。

활용단어

저 건물	횡단보도
[아노 타떼모노]	[오-단호도-]
あの 建物	横断歩道

3) [　]에는 어떻게 가야 하나요?

이 주소에는 어떻게 가야 하나요?

[코노 쥬-쇼니와 도-얏떼 이끼마스까?]

この 住所には どうやって 行きますか？

활용단어

이 레스토랑	이 미술관
[코노 레스또랑]	[코노 비쥬쯔깡]
この レストラン	この 美術館

4) 곧장 가서, [　]이에요.

곧장 가서, 왼쪽이에요.

[맛스구 잇떼 히다리데스]

まっすぐ 行って 左です。

활용단어

건너편

[무까이 가와]

向かい側

5) [　] 어느 정도 걸리나요?

버스로 어느 정도 걸리나요?

[바스데 도노 구라이데스까?]

バスで どの ぐらいですか？

활용단어

지하철로

[치카테츠데]

ちかてつ
地下鉄で

6) 하라주쿠라면 [　] 가세요.

하라주쿠라면 언덕을 올라 가세요.

[하라쥬꾸 나라 사카오 노봇떼 쿠다사이]

はらじゅく　　さか　　のぼ
原宿なら 坂を 上って ください。

활용단어

횡단보도를 건너

[오-단 호도-오 와땃떼]

おうだんほどう　　わた
横断歩道を 渡って

7) 백화점 [　]에 있어요.

백화점 뒤쪽에 있어요.

[데빠-또노 우라가와니 아리마스]

うらがわ
デパートの 裏側に あります。

활용단어

앞	옆
[마에]	[토나리]
まえ	となり
前	**隣**

1) 지도를 그려 주시겠어요?

[치즈오 카이떼 모라에마스까?]

地図を 描いて もらえますか？

2) 미안해요. 잘 모르겠어요.

[스미마셍, 요꾸 와까리마셍]

すみません、よく 分かりません。

3) 미안해요. 이 동네 사람이 아니라서…

[스미마셍, 코꼬노 모노데와 나이노데…]

すみません、ここの 者では ないので…

4) 파출소에 물어 보세요.

[코-방니 키이떼 쿠다사이]

交番に 聞いて ください。

5) 이 주소 아세요?

[코노 쥬-쇼 싯떼 마스까?]

この 住所 知って ますか？

6) 공중 화장실은 어디에 있나요?

[코-슈- 토이레와 도꼬니 아리마스까?]

<ruby>公衆<rt>こうしゅう</rt></ruby>トイレは どこに ありますか？

7) 조금 더 천천히 말해 주세요.

[못또 육끄리 하나시떼 쿠다사이]

もっと ゆっくり <ruby>話<rt>はな</rt></ruby>して ください。

8) 한 번 더 말해 주세요.

[모-이찌도 하나시떼 쿠다사이]

もう <ruby>一度<rt>いちど</rt></ruby> <ruby>話<rt>はな</rt></ruby>して ください。

9) 저는 관광객이에요.

[와따시와 캉꼬-꺄꾸데스]

<ruby>私<rt>わたし</rt></ruby>は <ruby>観光客<rt>かんこうきゃく</rt></ruby>です。

맥주

일본 맥주가 특별히 맛있다고 알려져 있는 몇 가지 이유가 있어요. 그 중에 맥아의 함량 기준이 다르다는 것도 있는데요. 일본에서는 원재료에 67%퍼센트 이상 맥아가 들어가야 맥주로 분류될 수 있어요. 우리나라 맥주의 맥아 기준과는 그 비율이 상당히 차이가 나요.

또 다른 이유는 맥주의 역사가 비교적 오래 되다 보니, 제조공법, 유통기술은 물론이고, 맥주를 따르는 방법이 발달한 것도 큰 목을 한다고 볼 수 있어요. 참고로 일본의 맥주는 메이지 유신과 함께 1800년대부터 시작되었어요. 여러분도 일본에 가게 되면 신선한 생맥주로 진정한 일본의 맥주를 즐겨보세요! 강력 추천합니다!

관광 안내소

실례합니다, 관광안내소는 어디인가요?
[스미마셍, 캉꼬-안나이죠와 도꼬 데스까?]
すみません、
観光 案内所は どこですか？

안내소는 저쪽이에요.
[안나이죠와 아찌라 데스]
案内所は あちらです。

관광 지도를 부탁합니다.
[캉꼬- 맙뿌오 오네가이 시마스]
観光 マップを お願いします。

한 장이면 될까요? 여기요.
[이찌마이데 요로시- 데스까? 도-조]
1枚で よろしいですか？ どうぞ。

제일 유명한 관광 명소는 어디인가요?
[이찌방 유-메-나 캉꼬 메-쇼와 도꼬 데스까?]
一番 有名な 観光 名所は
どこですか？

도고온천입니다.
[도-고 온센데스]
道後温泉です。

관광 명소를 추천해 주세요.
[오스스메노 캉꼬-메-쇼와 도꼬 데스까?]
お勧めの 観光 名所は どこですか？

데지마 워프를 추천합니다.
[데지마 와-흐가 오스스메 데스]
出島 ワーフが お勧めです。

추천하는 관광코스가 있나요?
[오스스메노 캉꼬- 코-스가 아리마스까?]
お勧めの 観光 コースが ありますか？

시티투어를 이용하는 것은 어떠세요?
[시티 쯔아-와 도-데스까?]
シティツアーは どうですか？

투어는 몇 시간 정도 걸리나요?
[쯔아-와 난지깡 구라이 카까리마스까?]
ツアーは
何時間ぐらい かかりますか？

3시간 정도 걸립니다.
[산지깡 구라이 카까리마스]
3時間 ぐらい かかります。

한국어로 된 설명도 있어요?
[캉꼬꾸고노 세쯔메-모 아리마스까?]
韓国語の 説明も ありますか？

네, 있습니다.
[하이, 아리마스]
はい、あります。

팜플렛은 어디서 받을 수 있나요?
[팡후렛또와 도꼬데 모라에 마스까?]
パンフレットは
どこで もらえますか？

여기 있습니다.
[코찌라데스]
こちらです。

팜플렛 하나 주세요.
[팡후렛또 히또쯔 쿠다사이]
パンフレット ひとつ ください。

일본어와 영어가 있습니다만…
[니홍고또 에-고가 아리마스가…]
日本語と 英語が ありますが…

영어로 주세요.
[에-고노 쿠다사이]
英語の ください。

한국어 팜플렛은 있나요?
[캉꼬꾸고노 팡후렛또와 아리마스까?]
韓国語の パンフレットは ありますか？

일본어밖에 없습니다.
[니홍고시까 아리마셍]
日本語しか ありません。

이 지도에 표시해 주시겠어요?
[코노 치즈니 시루시오 츠께떼 모라에마스까?]
この 地図に 印を つけて もらえますか？

음, 그러니까... 좀 줘보세요.
[에 또… 춋또 카시떼 쿠다사이]
え、と… ちょっと 貸して ください。

**1) 실례합니다,
[　]는 어디인가요?**

실례합니다, 입구는 어디인가요?
[스미마셍, 이리구찌와 도꼬 데스까?]

すみません、
入り口は どこですか？

활용단어

출구	매표소
[데구찌]	[치껫또 우리바]
出口	チケット 売り場

인포메이션 센터
[인호메-숑]

インフォメーション

2) [　]을 부탁합니다.

할인권을 부탁합니다.
[와리비끼 껨오 오네가이 시마스]

割引券を お願いします。

활용단어

층별 안내도
[후로아 맙쁘]

フロア マップ

관내 안내도
[칸나이 맙쁘]

館内 マップ

3) [　]를 추천해 주세요.

소바가게를 추천해 주세요.
[오스스메노 소바야와 도꼬데스까?]

お勧めの そば屋は どこですか？

활용단어

우동 가게	라면 가게
[우동야]	[라-멘 야]
うどん屋	ラーメン屋

카페	선술집
[카훼]	[이자까야]
カフェ	居酒屋

**4) [　]에
표시해 주시겠어요?**

구글 맵에 표시해 주시겠어요?
[구-구르 맙쁘니
시루시오 츠께떼 모라에 마스까?]

グーグルマップに
印を つけて もらえますか？

97

1) 지도를 그려 주시겠어요?
[치즈오 카이떼 모라에 마스까?]
地図を 描いて もらえますか？

2) 미안해요. 잘 모르겠어요.
[스미마셍, 요꾸 와까리마셍]
こすみません、よく 分かりません。

3) 화장실을 쓸 수 있을까요?
[오떼아라이 카시떼 이따다께 마셍까?]
お手洗い 貸して いただけませんか？

4) 한국어 통역 있나요?
[캉꼬꾸고노 쯔-야꾸 아리마스까?]
韓国語の 通訳 ありますか？

5) 여권을 보여 주세요.
[파스포-또오 미세떼 쿠다사이]
パスポートを みせて ください。

6) 이 거리는 뭐라고 합니까?

[코노 토-리와 난또 이이마스까?]

この 通_{とお}りは 何_{なん}と いいますか？

7) 그건 곤란합니다.

[소레와 코마리마스]

それは 困_{こま}ります。

8) 여기에 전화를 걸어 주시면 안 될까요?

[코꼬니 뎅와시데 모라에 마셍까?]

ここに 電話_{でんわ}して もらえませんか？

三 사진 찍기

여기에서 사진 찍어도 되나요?
[코꼬데 샤싱오 톳떼모 이이데스까?]
ここで 写真を 撮っても いいですか？

네, 괜찮아요.
[하이, 이이데스요]
はい、いいですよ。

플래시를 사용해도 되나요?
[후랏슈오 츠께떼모 이이데스까?]
フラッシュを つけても いいですか？

플래시는 안돼요.
[후랏슈와 다메데스]
フラッシュは だめです。

동영상 촬영을 해도 되나요?
[도-가오 사츠에- 시떼모 이이데스까?]
動画を 撮影しても いいですか？

이곳은 촬영 금지예요.
[코꼬와 사쯔에- 킹시데스]
ここは 撮影禁止です。

실례지만,
사진 좀 찍어주시면 안 될까요?
[스미마셍가, 샤싱오 톳떼 이따다께 마셍까?]
すみませんが、
写真を 撮って いただけませんか？

네. 찍어 드릴게요.
[하이, 이이데스요]
はい、いいですよ。

이 버튼을 누르면 됩니다.
[코노 보땅오 오스 다께데 이이데스]
この ボタンを
押すだけで いいです。

이 버튼이요? 자, 찍겠습니다.
[코노 보땅데스네, 쟈 토리마스요]
この ボタンですね、
じゃ 撮りますよ。

스카이 트리를 배경으로 찍고 싶은데요.
[스까이 츠리-오 박꾸니
토리따인 데스께도]
スカイツリーを バックに
撮りたいんですけど。

스카이 트리요? 네, 알겠어요.
[스까이 츠리-데스네,
하이, 와까리마시따]
スカイツリーですね、
はい、分かりました。

한 장 더 부탁 드려요.
[모- 이찌마이 오네가이 시마스]
もう 1枚 お願いします。

네, 치즈 하세요.
[하이, 치-즈]
はい、チーズ。

함께 사진 찍지 않으실래요?
[잇쇼니 샤싱오 톳떼 이따다께 마셍까?]
一緒に 写真を
撮って いただけませんか？

네, 같이 찍어요.
[하이, 잇쇼니 토리마쇼-]
はい、一緒に 撮りましょう。

내 카메라로도 함께 찍어요.
[와따시노 카메라데모 잇쇼니 토리마쇼-]
私の カメラでも
一緒に 撮りましょう。

아, 좋아요!
[아, 이이데스네!]
あ、いいですね。

눈을 감았어요. 한 번 더 찍어요.
[메오 츠붓따노데 모- 이찌마이 토리마쇼-]
目を つぶったので
もう 1枚 撮りましょう。

네, 그렇게 해요.
[하이, 소-시마쇼-]
はい、そうしましょう。

감사합니다.
[아리가또- 고자이마스]
ありがとう ございます。

천만에요! 즐거운 여행 하세요.
[도-이따시 마시떼, 요이 오타비오]
どういたしまして、良いお旅を。

1) [   ]에서 사진 찍어도 되나요?

안에서 사진 찍어도 되나요?

[나까데 샤싱오 톳떼모 이이데스까?]

なか　　しゃしん　　と
中で 写真を 撮っても いいですか？

2) [   ]을 배경으로 찍고 싶은데요.

박물관을 배경으로 찍고 싶은데요.

[하끄부쯔깡오 박꾸니 토리따인 데스께도]

はくぶつかん　　　　　　　　　と
博物館を バックに 撮りたいん ですけど。

> **활용단어**
>
> 저 건물　　　　이 건물
> [아노 타떼모노]　[코노 타떼모노]
> たてもの　　　　　　たてもの
> あの 建物　　　この 建物

3) 흔들렸어요. 한 번 더 찍어요.

흔들렸어요. 한 번 더 찍어요.

[부레따노데 모- 이찌마이 토리마쇼-]

まい　と
ブレたので もう 1枚 撮りましょう。

4) 내 스마트폰으로도 함께 찍어요.

내 스마트폰으로도 함께 찍어요.

[와따시노 스마호 데모 잇쇼니 토리마쇼-]

わたし　　　　　　　　　　いっしょ　と
私の スマホでも 一緒に 撮りましょう。

이렇게도 쓸 수 있군요

1) 촬영을 위해서는 특별 허가가 필요해요.

[사쯔에-노 타메니와 토꾸베쯔 쿄까가 히쯔요-데스]

さつえい　　　　　　とくべつきょか　　ひつよう
撮影の　ためには　特別許可が　必要です。

2) 상품 사진을 찍으면 안 돼요.

[쇼-힝노 샤신와 고엔료 쿠다사이]

しょうひん　　しゃしん　　えんりょ
商品の　写真は　ご遠慮　ください。

3) 음식 사진을 찍으면 안 돼요.

[료-리노 샤신와 고엔료 쿠다사이]

りょうり　　しゃしん　　えんりょ
料理の　写真は　ご遠慮　ください。

4) 지금 바빠서요.

[이마 춋또 이소이데룬데…]

いま　　　　　　いそ
今　ちょっと　急いでるんで…

5) 사진 찍는 걸 별로 안 좋아해요.

[샤신와 니가떼나노데…]

しゃしん　　にがて
写真は　苦手なので…

6) 상반신만 찍어 주세요.

[죠-한신 다께 톳떼 쿠다사이]

じょうはんしん　　　と
上半身だけ　撮って　ください。

후지산

후지산은 일본을 상징하는 산으로 꼽힐 만큼 일본인들이 사랑하는 산이에요. 후지산 주변의 아름다운 5개의 호수, '후지고코'도 유명한 관광지로 사랑받고 있어요. 시즈오카현과 야마나시현에 걸쳐 있는 높이 3,776미터의 화산인 후지산은, 버스로는 2,305미터까지 올라갈 수 있고, 그 이후 본격적인 등산로가 시작돼요.

등산을 위해서는 '야마비라키'라고 하는 기간인 7월에서 8월 사이에 가야 해요. 여름이지만, 산 정상에 가까워지면 기상 변화가 심하니 여벌 옷이 필요해요. 네 개의 주요 등산로가 있고, 등산로에는 여러 개의 산장이 있어서 등산객이 쉬어 갈 수도 있어요. 보통 일출을 보기 위해서는 밤에 등반을 시작해야 해요!

五

호텔에서

一 체크인

실례합니다, 로비는 어디인가요?
[스미마셍, 로비-와 도꼬 데스까?]
すみません、ロビーは どこですか？

로비는 6층이에요.
[로비-와 록까이 데스]
ロビーは 6階です。

저, 예약한 마구로센세입니다만.
[아노, 요야꾸 시따 마구로센세- 데스가]
あの、予約した マグロ先生ですが。

마구로센세님이신가요?
[마구로센세- 사마데 이랏샤이 마스까?]
マグロ先生様で いらっしゃいますか？

여기 예약번호입니다.
[코레가 요야꾸 방고-데스]
これが 予約番号です。

네, 확인하겠습니다.
[하이, 카꾸닝 이따시마스]
はい、確認いたします。

마구로센세님, 더블룸 2박이시죠.
[마구로센세-사마, 다부루 루-므 니하꾸데스네]

マグロ先生様、
ダブルルーム、2泊ですね。

네, 그렇습니다.
[하이, 소-데스]

はい、そうです。

지불은 어떻게 하시겠어요?
[오시하라이와 도- 나사이 마스까?]

お支払いは どう なさいますか？

이 카드로 해 주세요.
[코노 카-도데 오네가이 시마스]

この カードで お願いします。

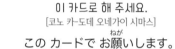

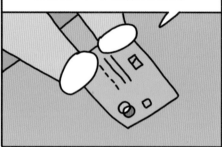

이 숙박카드를 작성해 주세요.
[코노 슈꾸하꾸 카-도니 고끼뉴- 쿠다사이]

この 宿泊 カードに
ご記入 ください。

아, 네.
[아, 하이]

あ、はい。

여권을 복사하겠습니다.
[파스포-또오 코피- 사세떼 이따다끼마스]
パスポートを コピーさせて
いただきます。

네, 여기요.
[하이, 도-조]
はい、どうぞ。

방은 806호실입니다. 8층입니다.
[오헤야와 합뱌꾸 로꾸 고-시쯔데스, 학까이데스]
お部屋は 806号室です。
8階です。

8층이요. 조식은 포함인가요?
[학까이데스네, 쵸-쇼꾸 쯔끼 데스까?]
8階ですね、朝食つきですか？

네, 포함입니다.
[하이, 쵸-쇼꾸 쯔끼데스]
はい、朝食つきです。

조식은 몇 시부터 몇 시까지입니까?
[쵸-쇼꾸 난지 까라 난지 마데 데스까?]
朝食は 何時から 何時までですか？

7시부터 9시까지입니다.
장소는 1층 레스토랑입니다.
[시찌지 까라 쿠지 마데데스.
바쇼와 익까이노 레스토랑 데스]
7時から 9時までです。
場所は 1階の レストランです。

방 열쇠를 하나 더 주시겠어요?
[헤야노 카기오 모- 히또쯔 모라에 마스까?]
部屋の 鍵を
もう ひとつ もらえますか？

네, 잠시만요.
[하이, 쇼-쇼- 오마찌 쿠다사이]
はい、少々 お待ち ください。

숙박하고 싶은데, 방 있나요?
[토마리따인 데스가, 오헤야 아리마스까?]
泊まりたいんですが、
お部屋 ありますか？

네, 어떤 방을 찾으세요?
[하이, 도노 요-나 오헤야가 요로시- 데스까?]
はい、どの ような お部屋が
よろしいですか？

싱글룸으로 부탁드립니다.
방값은 얼마인가요?
[싱그루 루-무데 오네가이 시마스,
헤야 다이와 이꾸라 데스까?]
シングルルームで お願いします。
部屋代は いくらですか？

조식을 포함하시겠어요?
[쵸-쇼꾸와 오쯔께 시마스까?]
朝食 は お付け しますか？

아니요. 잠만 잘게요.
[이이에, 스도마리데 오네가이 시마스]
いいえ、素泊まりで お願いします。

싱글룸, I박에 9,000엔입니다.
[싱그루 루-무, 입빠꾸데 큐-셍엥데스]
シングルルーム、
1泊で 9,000円です。

지불은 어떻게 하시겠어요?
[오시하라이와 도- 나사이 마스까?]
お支払いは どう なさいますか?

현금으로요.
[겡낑데]
現金で。

그럼 여기에
이름과 주소를 써 주세요.
[데와 코찌라니
오나마에또 쥬-쇼오 오카끼 쿠다사이]
では、こちらに
お名前と 住所を お書き ください。

네, 알파벳으로 쓸게요.
[하이, 로-마지데 카끼마스네]
はい、ローマ字で 書きますね。

1) 로비는 [   ]이에요.

로비는 1층 안쪽이에요.

[로비-와 익까이노 오꾸노 호- 데스]

ロビーは 1階の奥の方です。

활용단어

저쪽

[아찌라]

あちら

옆 건물

[토나리노 비루]

隣の ビル

2) 더블룸 [   ]이네요.

더블룸 1박이네요.

[다부루 루-므 입빠꾸 데스네]

ダブルルーム、1泊ですね。

활용단어

3박

[삼빠꾸]

3泊

3) [   ]으로 해 주세요.

이것으로 해 주세요.

[코레데 오네가이 시마스]

これで お願いします。

활용단어

현금

[겡낑]

現金

4) [   ]으로 부탁드립니다.

더블룸으로 부탁드립니다.

[다부르 루-무데 오네가이 시마스]

ダブルルームで お願いします。

활용단어

트윈 룸

[쯔인 루-므]

ツインルーム

1) 체크인은 몇 시부터 가능합니까?

[첵꾸잉와 난지까라 데스까?]

チェックインは 何時から ですか？

2) 이 사이트로 예약했는데요.

[코노 사이또데 요야꾸 시마시따]

この サイトで 予約しました。

3) 바다 경치가 보이는 방으로 주세요.

[우미노 미에루 헤야 쿠다사이]

海の 見える 部屋 ください。

4) 도심의 경치가 보이는 방으로 주세요.

[토싱가 미에루 헤야 쿠다사이]

都心が 見える 部屋 ください。

5) 조식을 포함하면 얼마예요?

[쵸-쇼꾸 코미데 이꾸라 데스까?]

朝食込みで いくらですか？

6) 엘리베이터는 어디 있어요?

[에레베-따-와 도꼬 데스까?]

エレベーターは どこですか？

7) 제 방은 몇 층이에요?

[와따시노 헤야와 낭까이 데스까?]

私の 部屋は 何階ですか？

8) 자판기는 몇 층에 있어요?

[지항끼와 낭까이니 아리마스까?]

自販機は 何階に ありますか？

9) 정말 죄송합니다.

[모-시와께 고자이마셍]

申し訳 ございません。

10) 만실입니다.

[만시쯔데 고자이마스]

満室で ございます。

119

11) 1박 연장 가능할까요?

[입빠꾸 엔쵸-와 데기마스까?]

ぱく えんちょう
1泊 延長は できますか？

12) 경치가 좋은 방으로 업그레이드 부탁 드립니다.

[케시끼노 이이 헤야니 압쁘그레-도 시떼 쿠다사이]

けしき   へや
景色の いい 部屋に アップグレードして ください。

13) 업그레이드 하면 얼마예요?

[압쁘그레-도 스루또 이꾸라 데스까?]

アップグレード すると いくらですか？

14) 금연 룸으로 주세요.

[킹엔 루-무데 오네가이 시마스]

きんえん   ねが
禁煙ルームで お願いします。

팁 문화

일본의 팁 문화에 대해 문의하시는 분들이 종종 있어요. 특히 팁 문화는 우리나라에 없는 문화이다 보니, 더더욱 신경 쓰시는 것 같아요. 답부터 드리자면 일본은 팁 문화가 없어요. 종종 식당이나 료칸에서 직원들의 접객이 너무 친절해서 팁을 바라는 것이 아니냐는 오해를 하시는 분도 계시던데, 아니에요. 오히려 팁을 주면 사양하는 경우가 대부분이니 알아두세요.

二 카운터 문의 및 요청

체크인 전에 짐을 맡길 수 있을까요?
[첵꾸인노 마에니
니모쯔오 아즈깟떼 모라에 마스까?]
チェックインの 前に
荷物を 預かって もらえますか？

알겠습니다.
예약하신 성함을 부탁 드리겠습니다.
[카시꼬마리 마시따
고요야꾸노 오나마에오 오네가이 시마스]
かしこまりました。
ご予約の お名前を お願いします。

마구로센세로 예약했습니다.
[마구로센세-데 요야꾸 시마시따]
マグロ先生で 予約しました。

マグロ
先生

짐은 한 개인가요?
[오니모쯔와 히또쯔데 요로시- 데쑈-까?]
お荷物は 一つで よろしいでしょうか？

네, 한 개입니다.
[하이, 히또쯔데스]
はい、一つです。

짐 교환권입니다.
[오니모쯔노 히끼까에껭 데스]
お荷物の 引換券です。

감사합니다.
[도-모]
どうも。

한 가지 부탁이 더 있습니다.
[모-히또쯔 오네가이가 아리마스가]
もう 一つ お願いが ありますが。

네.
[하이]
はい。

가게 예약을 부탁하고 싶습니다만.
[오미세노 요야쿠오 오네가이 시따이노 데스가]
お店の 予約を
お願いしたいのですが。

이 식당에 7시에
2명으로 예약을 하고 싶습니다.
[코노 레스토랑오 콩야 시찌지니,
후따리데, 요야꾸 시따인 데스]
このレストランを 今夜7時に、
二人で、予約したいんです。

네, 알겠습니다.
[하이, 카시꼬마리 마시따]
はい、かしこまりました。

네, 프론트입니다.
[하이, 후론또데 고자이마스]
はい、フロントで ございます。

방에 수건이 없어요.
[헤야니 타오루가 아리마셍]
部屋に タオルが ありません。

오래 기다리셨습니다. 룸 서비스입니다.
[오마따세 시마시따 루-므 사-비스데스]
お待たせしました、
ルームサービスです。

네, 고마워요.
[하이, 도-모]
はい、どうも。

텔레비전이 좀 이상해요.
[테레비노 쵸-시가 와루인 데스가]
テレビの 調子が 悪いんですが。

바로 담당자를 보내겠습니다.
[스구 우까가이 마스]
すぐ 伺います。

무슨 일이신가요?
[도- 나사이 마시따까?]
どう なさいましたか？

방에서 이상한 냄새가 나는데,
방을 바꿔 주세요.
[헤야가 쿠사인 데스께도, 카에떼 모라에 마셍까?]
部屋が 臭いんですけど、
換えて もらえませんか？

옆 방이 시끄러워요.
[토나리노 헤야가 우루사인 데스요]
隣の 部屋が うるさいんですよ。

죄송합니다.
방을 바꿔 드려도 될까요?
[혼또니 모-시와케 고자이마셍,
루-므 첸지 사세떼 이따다이떼모 요로시- 데쇼까?]
本当に 申し訳 ございません。
ルームチェンジ させて いただいても
よろしいですか？

냉방이 안 됩니다.
[레-보-가 키끼마셍]
冷房が ききません。

잠시 기다려 주세요.
담당자가 찾아 뵙겠습니다.
[쇼-쇼- 오마찌 쿠다사이,
탄토-노 모노가 우까가이마스]
少々 お待ち ください、
担当の 者が うかがいます。

방에 열쇠를 두고 나왔어요.
[카기오 헤야니 오끼 와스레 마시따]
鍵を 部屋に 置き 忘れました。

방은 몇 호실이고,
성함은 어떻게 되시나요?
[난고-시쯔노 도나따 사마 데쇼-까?]
何号室の どなた 様でしょうか？

호텔 근처에 선술집을 추천해 주세요.
[치까끄니 오스스메노 이자까야와 아리마스까?]
近くに お勧めの 居酒屋は
ありますか？

네, 선술집이라면
'놈베'라는 술집을 추천드립니다.
[하이, 이자까야 데시따라 '놈베-'가 오스스메 데스]
はい、居酒屋でしたら
'ノンベエ'が お勧めです。

어디인가요?
[도노 아따리 데스까?]
どの 辺りですか？

이 지도를 보세요.
[코노 치즈오 고란니 낫떼 쿠다사이]
この 地図を ご覧に なって ください。

살짝 바꾸면, 응용력 N배 확장!

1) 짐은 [ ]인가요?

짐은 두 개인가요?

[오니모쯔와 후따쯔데 요로시-데쇼-까?]

お荷物は 二つで
よろしいでしょうか？

1활용단어

세 개
[밋쯔]
三つ

2) 방에 [ ]이 없어요.

방에 비누가 없어요.

[헤야니 셋껭가 아리마셍]

部屋に 石鹸が ありません。

활용단어

샴푸
[샴푸-]
シャンプー

3) [ ]이 좀 이상해요.

에어컨이 좀 이상해요.

[에아꽁노 쵸-시가 와루인 데스가]

エアコンの 調子が 悪いんですが。

활용단어

리모콘
[리모꽁]
リモコン

4) [ ]이 안 됩니다.

난방이 안 됩니다.

[담보-가 키끼마셍]

暖房が ききません。

5) 근처에 [ ]을 추천해 주세요.

근처에 식당을 추천해 주세요.

[치까끄니 오스스메노
쇼꾸도-와 아리마스까?]

近くに お勧めの
食堂は ありますか？

활용단어

레스토랑	까페
[레스토랑]	[카훼]
レストラン	カフェ
라면집	스시집
[라-멘야]	[스시야]
ラーメン屋	すし屋

1) 세탁을 부탁합니다.

[란도리- 사-비스오 오네가이 시마스]

ランドリーサービスを　お願いします。

2) 개인금고가 안 열려요.

[코징 킹꼬가 아끼마셍]

個人金庫が　開きません。

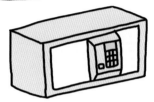

3) 청소가 안 되어 있어요.

[소-지 사레떼 이마셍]

掃除　されて　いません。

4) 청소 안 해주셔도 됩니다.

[소-지 시나꾸떼모 이이데스]

掃除　しなくても　いいです。

5) 오후에 청소해 주세요.

[고고니 소-지오 오네가이 시마스]

午後に　掃除を　お願いします。

6) 와이파이가 안 터져요.

[와이화이가 츠나가리마셍]

ワイファイが　つながりません。

7) 물이 안 나와요.

[미즈가 데마셍]

水が 出ません。

8) 물 온도 조절이 안 돼요.

[미즈노 온도 쵸-세쯔가 데끼마셍]

水の 温度調節が できません。

9) 변기 물이 안 내려가요.

[벵끼노 미즈가 나가레마셍]

便器の 水が ながれません。

10) 방 열쇠를 잃어버렸어요.

[헤야노 카기오 나꾸시마시따]

部屋の 鍵を なくしました。

11) 택시를 불러 주시겠어요?

[탁시-오 욘데 모라에 마스까?]

タクシーを 呼んで もらえますか？

12) 수건을 교체해 주세요.

[타오루오 코-깡시떼 쿠다사이]

タオルを 交換して ください。

유카타

유카타는 여름용 약식 기모노로, 면으로 만든 여름 전통 의상이에요. 전통기모노는 비단이나 자수천으로 만든 것에 비해, 유카타는 면으로 만들기 때문에 가격도 저렴하고 세탁도 편해요. 원래는 목욕 후에 입는 목욕가운이었는데, 현대 일본사회에서는 여름 축제 등에 입는 경우가 많아요.

특히 온천관광지에 가면 유카타를 입고 거리의 풍경을 즐기는 것을 볼 수 있어요. 여러분도 일본에 가서 유카타를 입을 기회가 있다면 꼭 입어보세요. 색깔이나 도안도 다양하니 취향에 맞는 유카타를 찾는 것도 재미있을 거예요!

三 체크아웃

체크아웃은 몇 시예요?
[첵꾸아우또와 난지 데스까?]
チェックアウトは 何時ですか？

11시입니다.
[쥬-이찌지데스]
11時です。

체크아웃 후에 짐을 맡길 수 있나요?
[체크아우또노 아또,
니모쯔오 아즈께라레 마스까?]
チェックアウトの 後、
荷物を 預けられますか？

네, 맡아 드릴까요?
[하이, 오니모쯔오 오아즈까리 시마쇼-까?]
はい、お荷物を
お預かり しましょうか？

짐 교환권입니다.
[오니모쯔노 히끼까에껭 데스]
お荷物の 引換券です。

감사합니다.
3시에는 돌아올 예정입니다.
[도-모, 산지니와 모도루 요떼-데스]
どうも、3時には 戻る 予定です。

한가지 부탁이 더 있습니다.
우산을 빌릴 수 있을까요?
[모-히또쯔 오네가이가 아리마스가,
카사오 오카리 데끼마스까?]
もう 一つ お願いが ありますが、
傘を お借り できますか？

네.
[하이]
はい。

체크아웃 하겠습니다.
[첵끄아우또 시마스]
チェックアウト します。

네, 알겠습니다. 여기 계산서입니다.
[하이, 카시꼬마리 마시따
고찌라 오까이께- 데스]
はい、かしこまりました、
こちら お会計です。

미니바의 제품을 이용하셨나요?
[미니바-노 모노와
고리요-니 나라레 마시따까?]
ミニバーの 物は
ご利用に なられましたか？

냉장고의 맥주를 마셨어요.
[레-조-꼬노 비-루오 노미마시따]
冷蔵庫の ビールを 飲みました。

지불은 어떻게 하시겠습니까?
[오시하라이와 도- 나사이 마스까?]
お支払いは どう なさい ますか？

현금으로요.
[겡낑데 시마스]
現金で します。

이 청구내역은 뭔가요?
[코노 세-뀨-노 껭오
세쯔메-시떼 모라에 마스까?]
この 請求の 件を
説明して もらえますか？

냉장고의 음료를 드신 것입니다.
[레-조-꼬노 노미모노오
고리요-시따 모노데스]
冷蔵庫の 飲み物を
ご利用した ものです。

영수증을 주세요.
[료-슈-쇼-오 쿠다사이]
領収証 を ください。

여기 영수증입니다.
[코찌라 료-슈-쇼-데스]
こちら 領収証 です。

덕분에 편하게 쉬었습니다.
[오세와니 나리마시따]
お世話に なりました。

또 방문해 주시기를
기다리고 있겠습니다.
[마따노 오꼬시오
오마찌 시떼 오리마스]
またの お越しを
お待ち して おります。

짐을 찾으러 왔습니다.
[니모쯔오 토리니 키마시따]
荷物を 取りに 来ました。

네, 잠시만 기다리세요.
[하이, 쇼-쇼- 오마찌 쿠다사이]
はい、少々 お待ち ください。

공항 가는 버스가 있나요?
[쿠-꼬- 유끼노 바스와 아리마스까?]
空港行きの バスは ありますか?

네, 여기 버스시간표입니다.
[하이, 코찌라가 바스노 지꼬꾸효- 데스]
はい、こちらが バスの 時刻表です。

택시 좀 불러 주세요.
[탁시- 욘데 모라에 마스까?]
タクシー 呼んで もらえますか？

어디까지 가시나요?
[도찌라마데 이까레 마스까?]
どちらまで 行かれますか？

공항까지 입니다.
[쿠-꼬-마데 데스]
空港まで です。

五 호텔에서

1) 냉장고의 [   ]를 마셨어요

냉장고의 생수를 마셨어요.
[레-조-꼬노 미네라루 오-타-오 노미마시따]

れいぞうこ
冷蔵庫の ミネラル ウォーターを 飲みました。

활용단어

주스	콜라
[쥬-스]	[코-라]
ジュース	コーラ

2) [   ]로요.

이 카드로요.
[코노 카-도데 시마스]

この カードで します。

3) [   ]를 이용하신 것입니다.

룸서비스를 이용하신 것입니다.
[루-무 사-비스오 고리요- 시따 모노데스]

ルームサービスを ご利用した ものです。

활용단어

라운지	바	국제전화
[라운지]	[바-]	[콕사이 뎅와]
ラウンジ	バー	こくさいでんわ 国際電話
사우나	주차장	세탁 서비스
[사우나]	[츄-샤죠-]	[란도리- 사-비스]
サウナ	ちゅうしゃじょう 駐車場	ランドリー サービス

1) 하루 더 묵고 싶은데요.

[모- 이찌니찌 토마리따인 데스가]

もう 一日 泊まりたいんですが。

2) 추가요금이 있나요?

[츠이까 료-낑와 아리마스까?]

追加料金は ありますか？

3) 유료채널은 보지 않았는데요.

[유-료- 챤네루와 미떼 이마셍]

有料 チャンネルは 見て いません。

4) 냉장고에서 꺼내 보기만 했어요.

[레-조-꼬까라 다시떼 미따다께데스]

冷蔵庫から 出して みただけです。

5) 미니바는 이용하지 않았는데요.

[미니바-와 리요-시떼 이마셍]

ミニバーは 利用して いません。

6) 미니바 요금이 잘못됐어요.

[미니바-노 료-킹가 마찌갓떼 이마스]

ミニバーの 料金が 間違って います。

7) 사용하지 않은 요금이 나온 거 같은데요.

[요케-니 료-낑가 쯔이까 사레떼 이루 미따이데스가]

余計に 料金が 追加 されて いる みたいですが。

8) 사용하지 않았어요.

[츠깟떼 이마셍요]

使って いませんよ。

9) 체크아웃 시간을 늦출 수 있을까요?

[첵끄아우또노 지깡오 오소꾸 스루 코또가 데끼마스까?]

チェックアウトの 時間を 遅く する ことが できますか？

10) 처음부터 고장나 있었어요.

[사이쇼까라 코와레떼 이마시따요]

最初から 壊れて いましたよ。

11) 이 추가 요금은 지불할 수 없어요.

[코노 츠이까 료-낑와 시하라이 데끼마셍]

この 追加料金は 支払い できません。

다다미

다다미는 왕골로 만들어진 바닥을 말하는 거예요. 다다미 문화는 일본의 기후와 관련 있어요. 일본의 여름은 고온다습하고, 겨울은 온돌이 발달하지 않아 방바닥이 차가워요. 이러한 일본가옥에서 다다미는 여름에 천연 제습기의 역할을 해요. 그리고 겨울에는 공기를 많이 머금기 때문에 차가운 기운이 그대로 전해지는 것을 막아주기도 하죠.

하지만 요즘은 관리도 까다롭고 그 비용도 만만치 않기 때문에 일반 가정집에서는 잘 볼 수 없게 됐어요. 여러분도 일본에 가면 다다미가 있는 전통 료칸에 들러보는 것은 어떠세요?

예약하기

전화 감사합니다.
레스토랑 브레인스토어 입니다.
[오뎅와 아리가토- 고자이마스.
레스토랑 브레-ㄴ스토아데 고자이마스]

お電話 ありがとう ございます。
レストラン ブレーンストアで
ございます。

여보세요. 예약하고 싶은데요.
[모시모시, 요야꾸오 오네가이 시따이노 데스가]

もしもし、
予約を お願いしたいのですが。

언제로 원하시나요?
[오히니찌와 이쯔데스까?]

お日にちは いつですか？

2월 1일 저녁 7시로 부탁드립니다.
[니가쯔 츠이따찌노 쥬-쿠지니 오네가이 시마스]

2月 1日の 19時に お願いします。

알겠습니다. 잠시 확인해 보겠습니다.
[카시꼬마리 마시따. 스꼬시 카꾸닝 시마스네]

かしこまりました。
少し 確認しますね。

네, 그 날은 지금 비어 있는데요,
몇 분이신가요?
[하이, 소노 히와
이마노 토꼬로 아이떼 이마스가,
난메-사마노 고라이뗑 데쇼-까?]

はい、その日は
今の ところ 空いて いますが、
何名様の ご来店 でしょうか？

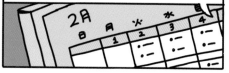

두 명이요. 테라스석으로 하고 싶어요.
[후따리데스 테라스노 세끼가 이이노데스가]
2人です。
テラスの 席が いいのですが。

아, 그리고 금연석으로 부탁합니다.
[아, 소레까라 킹엔 세끼데
오네가이 시따이노 데스가]
あ、それから 禁煙席で
お願いしたいのですが。

네, 알겠습니다.
금연석으로 준비하겠습니다.
[카시꼬마리 마시따,
킹엔 세끼데 고요-이 사세떼 이따다끼마스]
かしこまりました。
禁煙席で ご用意 させて いただきます。

그럼 손님의 성함과 전화번호
부탁드립니다.
[데와 오꺄꾸사마노 오나마에또 뎅와방고-오
오네가이 시마스]
では お客様の お名前と 電話番号を
お願いします。

마구로센세입니다.
전화번호는 휴대전화로
82-10-1234-4567 입니다.
[마구로센세-또 이이마스
뎅와방고-와 케-따이데
하찌니 노 이찌제로 노 이찌니산시 노 욘고록끄나나 데스]
マグロ先生といいます。
電話番号は 携帯で
82-10-1234-4567です。

알겠습니다. 그럼 다시 한번 확인하겠습니다.
[카시꼬마리 마시따,
데와 오카꾸사마 죠-호-오
후꾸쇼- 사세떼 이따다끼 마스네.]
かしこまりました。
では お客様 情報を
復唱させて いただきますね。

마구로센세님이시고,
2월 1일 저녁 7시에 오시는 거네요.
[마구로센세-사마데
니가쯔 츠이따찌노 쥬-쿠지니 고라이뗑데스네]
マグロ先生様で
2月 1日の 19時に ご来店ですね。

전화번호는
82-10-1234-4567가 맞으시죠.
[뎅와방고-와
하찌니 노 이찌제로 노 이찌니산시 노
욘고록끄나나 데 요로시깟따 데스네]
電話番号は
82-10-1234-4567で
よろしかったですね。

네. 맞습니다.
[하이, 다이죠-부데스]
はい。大丈夫です。

그럼, 그 날 뵙겠습니다.
[데와 고라이뗑 오마찌 시떼 마스]
では ご来店 お待ち してます。

기대하고 있겠습니다.
[타노시미니 시떼 마스]
楽しみに してます。

1) [   ]로 하고 싶어요.

창가쪽 자리로 하고 싶어요.

[마도가와노 세끼가 이이노데스가]

まどがわ　せき
窓側の　席が　いいのですが。

활용단어

룸(개인실)

[코시쯔]

こしつ
個室

2) 아, 그리고 [   ]으로 부탁합니다.

아, 그리고 흡연석으로 부탁합니다.

[아, 소레까라 키쯔엔 세끼데 오네가이 시따이노 데스가]

きつえんせき　　　　ねが
あ、それから　喫煙席で　お願いしたいのですが。

3) [   ]이요.

세 명이요.

[산닝데스]

さんにん
3人です。

활용단어

네 명

[요닝]

よにん
4人

어른 두 명, 아이 한 명

[오또나 후따리, 코도모 히또리]

おとな　ふたり　　こ　　　　　ひとり
大人　2人、子ども　1人

1) 죄송합니다. 그 날은 만석입니다.

[오소레 이리마스가, 소노 히와 만세끼데스]

恐れ 入りますが、その日は 満席です。

2) 저희 가게는 예약을 받지 않습니다.

[토-뗑와 요야꾸와 우께따마왓떼 오리마셍]

当店は 予約は 承って おりません。

3) 죄송합니다. 전화가 잘 안 들립니다만.

[오소레 이리마스. 오뎅와가 쇼-쇼- 토-이 요-데스가]

恐れ 入ります。お電話が 少々 遠いようですが。

149

二 주문하기

어서 오세요. 몇 분이신가요?
[이랏샤이마세, 남메-사마 데쇼-까?]
いらっしゃいませ。
何名様でしょうか？

두 명입니다.
[후따리데스]
2人です。

예약하셨습니까?
[고요야꾸와 나사이 마시따까?]
ご予約は なさいましたか？

네, 마구로센세로 예약했습니다.
[하이, 마구로센세-데 요야꾸 시마시따]
はい、マグロ先生で 予約しました。

죄송하지만, 지금은 만석입니다.
조금만 기다려 주세요.
[모-시와께 고자이마셍가,
타다이마 만세끼데스,
쇼-쇼- 오마찌 이따다께 마스까?]
申し訳 ございませんが、只今 満席です。
少々 お待ち いただけますか？

얼마나 기다려야 하나요?
[도노 구라이 카까리 마스까?]
どの ぐらい かかりますか？

여기에 이름을 쓰고 기다려 주세요.
[코찌라니 나마에오 카이떼
오마찌 쿠다사이]
こちらに 名前を 書いて
お待ち ください。

여기요?
[코꼬데스네]
ここですね。

기다려 주셔서 감사합니다.
이 쪽으로 오세요.
[오마따세 시마시따,
코찌라에 도-조]
お待たせ しました、
こちらへ どうぞ。

네.
[하이]
はい。

금연석과 흡연석 중
어느 쪽으로 하시겠습니까?
[킹엥 세끼또 키쯔엥 세끼
도찌라니 시마스까?]
禁煙席と 喫煙席
どちらに しますか?

금연석으로요.
[킹엥세끼데]
禁煙席で。

여기 메뉴판입니다.
[코찌라 메뉴-니 나리마스]
こちら メニューに なります。

영어나 한국어 메뉴는 없나요?
[에-고야 캉꼬꾸고노 메뉴-와 아리마셍까?]
英語や 韓国語の メニューは ありませんか？

네, 갖다 드릴게요.
[하이, 오모찌 이따시마스]
はい、お持ち いたします。

여기요. 추천메뉴는 무엇인가요?
[스미마셍, 오스스메와 도레 데스까?]
すみません、お勧めは どれですか？

오늘의 추천메뉴는 이것입니다.
[쿄-노 오스스메와 코찌라데스]
今日の お勧めは こちらです。

메뉴는 결정 하셨나요?
[고츄-몽와 오끼마리데스까?]
ご注文は お決まりですか？

六 식당에서

네, 이거랑 이거 주세요.
[하이, 코레또 코레 쿠다사이]
はい、これと これ ください。

매운 음식이 먹고 싶은데요.
[카라이 모노가 타베따인 데스가]
辛いものが 食べたいんですが。

매운 음식이라면 이 것을 추천합니다.
[카라이 모노 데시따라
코찌라가 오스스메데스]
辛いものでしたら
こちらが お勧めです。

저건 무슨 음식인가요?
저거랑 같은 걸로 주세요.
[아레와 돈나 료-리 데스까?
아레또 오나지노오 쿠다사이]
あれは どんな 料理ですか?
あれと 同じのを ください。

아, 저것은 소고기덮밥이에요.
소고기덮밥 하나 준비해 드릴게요.
[아, 아레와 규-동데스,
규-동오 히또쯔 데스네]
あ、あれは 牛丼です、
牛丼を 一つですね。

이건 무슨 고기예요?
[코레와 난노 니꾸데스까?]
これは 何の 肉ですか？

이건 돼지고기예요.
[코레와 부따니꾸 데스]
これは 豚肉です。

간장 있어요?
[쇼-유 아리마스까?]
醤油 ありますか？

네, 갖다 드릴게요.
[하이, 오모찌 이따시마스]
はい、お持ち いたします。

밥 리필 되나요?
[고항노 오까와리 데끼마스까?]
ごはんの お代わり できますか？

추가주문(유료)으로 가능합니다.
[츠이까 츄-몽니 나리마스가]
追加注文に なりますが。

어떻게 먹으면 될까요?
[도-얏떼 타베따라 이이데스까?]
どう やって 食べたら いいですか？

고기를 달걀에 찍어서 드세요.
[오니끄오 타마고니 츠께데
메시아갓떼 쿠다사이]
お肉を 卵に つけて
召し上がって ください。

주문한 메뉴가 아닌데요.
[코레 타논다 노또 치가이마스가]
これ 頼んだのと 違いますが。

죄송합니다. 바로 확인하겠습니다.
[시쯔레- 시마시따, 스구 카꾸닝 이따시마스]
失礼しました、すぐ 確認 いたします。

스푼 주세요.
[스푸-ㄴ 쿠다사이]
スプーンください。

하나만 드리면 될까요?
[오히또쯔데 요로시- 데스까?]
おーつで よろしいですか？

단품과 세트가 있습니다만.
[탐삥또 셋또가 고자이마스가]
<ruby>単品<rt>たんぴん</rt></ruby>と セットが ございますが。

단품으로 주세요.
[탐삥데]
<ruby>単品<rt>たんぴん</rt></ruby>で。

드시고 가시나요?
아니면 포장이에요?
[텐나이데 메시 아가리 마스까?
오모찌 까에리 데스까?]
<ruby>店内<rt>てんない</rt></ruby>で <ruby>召<rt>め</rt></ruby>し<ruby>上<rt>あ</rt></ruby>がりますか？
お<ruby>持<rt>も</rt></ruby>ち<ruby>帰<rt>かえ</rt></ruby>りですか？

여기서 먹고 갈게요.
[텐나이데 타베마스]
<ruby>店内<rt>てんない</rt></ruby>で <ruby>食<rt>た</rt></ruby>べます。

사이즈는 어떤 걸로 하시겠어요?
[사이즈와 도레니 나사이마스까?]
サイズは どれに なさいますか？

제일 작은 걸로 주세요.
[이찌방 치-사이노 쿠다사이]
一番 小さいの ください。

와사비는 빼주세요.
[와사비 누끼데 오네가이 시마스]
わさび 抜きで お願いします。

네, 알겠습니다.
[하이, 카시꼬마리 마시따]
はい、かしこまりました。

여기 와이파이 쓸 수 있나요?
[코꼬 와이화이 츠까에 마스까?]
ここ ワイファイ 使えますか？

네, 비밀번호는 A123456입니다.
[하이, 파스와-도와
에- 이찌 니 산 시 고 로꾸 데스]
はい、パスワードは
A123456です。

저 화장실은…
[아노 토이레와…]
あの トイレは…

이 복도 끝에서 왼쪽입니다.
[츠끼 아따리노 히다리가와데스]
突き 当たりの 左側です。

식권발매기의 사용법을 알려 주세요.
[껨바이끼노 츠까이 까따오
오시에떼 쿠다사이]
券売機の 使い方を
教えて ください。

여기에 돈을 넣고 나서
[코꼬니 오까네오 이레떼 까라]
ここに お金を 入れてから

먹고 싶은 음식의 버튼을 누르세요.
[타베따이 모노노 보땅오 오시떼 쿠다사이]
食べたい ものの ボタンを
押して ください。

1) [　]입니다.

한 명입니다.
[히또리 데스]

ひとり
1人です。

활용단어

다섯 명
[고닌]
ごにん
5人

2) 예약은 하지 않았습니다.

예약은 하지 않았습니다.
[요야꾸와 시떼 마셍]

よやく
予約は して ません。

3) 흡연석으로요.

흡연석으로요.
[키쯔엔 세기데]

きつえんせき
喫煙席で。

4) 영어나 한국어 메뉴는 없어요.

영어나 한국어 메뉴는 없어요.
[에-고야 캉꼬꾸고노 메뉴-와 아리마셍]

えいご　　かんこくご
**英語や 韓国語の メニューは
ありません。**

5) [　] 음식이 먹고 싶은데요.

달달한 음식이 먹고 싶은데요.
[아마이 모노가 타베따인 데스가]

あま　　　　　　　た
甘い ものが 食べたいんですが。

활용단어

맛있는
[오이시-]
おいしい

SWEET!

6) 이건 [　] 고기예요.

이건 닭고기예요.
[코레와 토리 니꾸 데스]

とりにく
これは 鶏肉です。

활용단어

소
[규-]
ぎゅう
牛

7) [　] 있어요?

소금 있어요?

[시오 아리마스까?]

<ruby>塩<rt>しお</rt></ruby> ありますか？

활용단어

후추

[코쇼-]

<ruby>胡椒<rt>こしょう</rt></ruby>

8) [　] 주세요.

앞접시 주세요.

[토리자라 쿠다사이]

<ruby>取り皿<rt>とざら</rt></ruby> ください。

활용단어

재떨이

[하이자라]

<ruby>灰皿<rt>はいざら</rt></ruby>

9) 포장이에요.

포장이에요.

[모찌 카에리 데스]

<ruby>持ち帰り<rt>もかえ</rt></ruby>です。

10) 제일 큰걸로 주세요.

제일 큰걸로 주세요.

[이찌방 오-키-노 쿠다사이]

<ruby>一番<rt>いちばん</rt></ruby> <ruby>大きいの<rt>おお</rt></ruby> ください。

11) [　]는 빼주세요.

파는 빼주세요.

[네기 누끼데 오네가이 시마스]

ねぎ <ruby>抜き<rt>ぬ</rt></ruby>で <ruby>お願い<rt>ねが</rt></ruby>します。

1) 예약은 안했어요.

[요야꾸와 시떼 마셍가]

予約は　してませんが。

2) 다른 자리로 바꿔 주세요.

[호까노 세끼니 시떼 쿠다사이]

他の　席に　して　ください。

3) 창가 자리로 주세요.

[마도가와노 세끼오 쿠다사이]

窓側の　席を　ください。

4) 이거 안 시켰어요.

[코레 타논데 마셍]

これ　頼んで　ません。

5) 맛이 이상한데요.

[아지가 헨데스케도]

味が　変ですけど。

6) 이거 치워 주세요.

[코레 사게떼 모라이마스]

これ　さげて　もらいます。

7) 고기 추가해 주세요.

[오니끄노 츠이까 오네가이 시마스]

お肉の 追加 お願いします。

8) 영업은 몇 시부터예요?

[에-교-와 난지까라 데스까?]

営業は 何時から ですか？

9) 영업은 몇 시까지예요?

[에-교-와 난지마데 데스까?]

営業は 何時まで ですか？

10) 이제 먹어도 되나요?

[모- 타베떼모 이이데스까?]

もう 食べての いいですか？

11) 간이 되어 있으니, 그대로 드세요.

[아지 츠이떼 이루까라 소노마마 도-조]

味 ついて いるから そのまま どうぞ。

三 계산하기

계산해 주세요.
[오칸죠- 오네가이 시마스]
お勘定 お願いします。

네, 잠시만 기다려 주세요.
[하이 스꼬시 오마찌 쿠다사이]
はい、少し お待ち ください。

각자 계산할게요.
[베쯔베쯔데 오네가이 시마스]
別々で お願いします。

네, 알겠습니다.
[하이, 카시꼬마리 마시따]
はい、かしこまりました。

일행분과 같이 계산하시겠어요?
[고잇쇼데 요로시- 데스까?]
ご一緒で よろしいですか？

네.
[하이]
はい。

六 식당에서

다 해서 얼마인가요?
[젬부데 이꾸라 데스까?]
全部で いくらですか？

1,400엔입니다.
[센욘햐꾸엔 데스]
1,400円です。

계산은(무엇으로 하시겠어요)?
[오시하라이와?]
お支払いは？

카드 계산 시

카드 사용할 수 있나요?
[크레짓또 카도 츠까에 마스까?]
クレジットカード 使えますか？

네, 사용할 수 있어요.
[하이 오쯔까이니 나라레마스]
はい、お使いに なられます。

카드로 부탁합니다.
[카도데 오네가이 시마스]
カードで お願いします。

이걸로 할게요.
[코레니 시마스]
これに します。

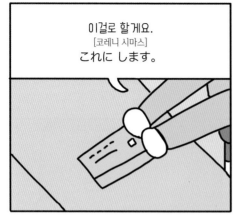

네. 감사합니다.
[하이, 아리가또- 고자이마스]
はい、ありがとう ございます。

죄송합니다.
이 카드는 사용할 수 없습니다.
[모-시와께 고자이마셍,
코노 카-도와 오쯔까이 이따다께마셍]
申し訳 ございません。
この カードは お使い いただけません。

여기요. 이 카드로 해 주세요.
[하이, 코노 카-도데]
はい、このカードで。

카드 할부는 어떻게 할까요?
[카-도노 오시하라이와?]
カードの お支払いは？

일시불로요.
[익까쯔바라이데]
一括払いで。

영수증(점원이 작성하는) 부탁합니다.
[료-슈-쇼 오네가이 시마스]
領収書 お願いします。

네, 영수증에 성함은
임의로 기입해도 될까요?
[하이, 오나마에와 우에사마데 요로시- 데스까?]
はい、お名前は 上様で
よろしいですか？

네, 그렇게 주세요.
[하이, 우에사마데]
はい、上様で。

현금 결제 시

저희 가게는 카드로는
지불하실 수 없습니다.
[토-뗀데와 크레짓또 카-도데노
오시하라이와 데끼마셍]
当店では クレジットカードでの
お支払いは 出来ません。

현금결제만 가능합니다.
[겡끼노미노 타이오-니 낫떼 이마스]
現金のみの 対応に なって います。

아, 그래요.
[아, 소-데스까]
あ、そうですか。

큰 돈밖에 없는데요.
[오-키-노 시까 나인데스가]

大きいのしか ないんですが。

괜찮습니다.
[다이죠-부데스]

大丈夫です。

여기 거스름돈 400엔입니다.
[욘햐꾸엔노 오까에시 데스]

400円の お返しです。

네, 잘 먹었습니다.
[하이, 코지소-사마 데시따]

はい、ご馳走様でした。

영수증(포스에서 나오는) 주세요.
[레시-또 오네가이 시마스]

レシート お願いします。

네, 여기 있습니다.
[하이, 코찌라가 레시-또 데스]

はい、こちらが レシートです。

계산이 잘못 된 거 같아요.
[카이께-니 마찌가이가 아루요- 데스가]

会計に 間違いが あるようですが。

확인해 보겠습니다.
[카꾸닝 사세떼 이따다끼마스]

確認 させて いただきます。

이 메뉴는 안 시킨 건데요.
[코레와 타논데 마셍께도]

これは 頼んで ませんけど。

죄송합니다.
바로 확인해 보겠습니다.
[시쯔레- 시마시따, 스구 카꾸닝 이따시마스]

失礼しました、すぐ 確認いたします。

이 가격은 뭐가 다르죠?
[코노 카까끄또와 나니가 치가이 마스까?]

この 価格とは 何が 違いますか？

이건 세금을 포함한 금액입니다.
[코레와 제-꼬미노 킹가꾸데스]

これは 税込みの 金額です。

1) 계산해 주세요.

계산해 주세요.

[오카이께- 오네가이 시마스]

<ruby>お会計<rt>かいけい</rt></ruby> <ruby>お願<rt>ねが</rt></ruby>いします。

2) 만엔짜리 밖에 없는데요.

만엔짜리 밖에 없는데요.

[이찌망엔 사쯔 시까 나인데스가]

<ruby>一万円札<rt>いちまんえんさつ</rt></ruby>しか ないんですが。

3) [   ]로요.

3개월 할부로요.

[상까게쯔 붕까쯔 바라이데]

<ruby>三ヶ月<rt>さんかげつ</rt></ruby> <ruby>分割払<rt>ぶんかつばら</rt></ruby>いで。

1) 저희 가게는 현금결제만 가능합니다.

[토-뗑와 겡낑 노미노 토리아쯔까이니 나리마스]

当店は 現金のみの 取り扱いに なります。

2) 저희는 현금지불을 할 수 없는 가게입니다만, 괜찮으신가요?

[토-뗑와 겡낑바라이가 츠까에나이 템뽀데스가, 요로시- 데쇼-까?]

当店は 現金 払いが 使えない 店舗ですが
よろしいでしょうか？

3) 이 시간대에는 신용카드와 전자머니만 사용할 수 있습니다.

[코노 지깡 다이니와 크레짓또 카-도 또 덴시마네- 노미노 타이오-니 낫떼 이마스]

この 時間代には クレジットカードと 電子マネーのみの
対応に なって います。

4) 세금이 포함된 가격인가요?

[제-꼬미노 킹가꾸 데스까?]

税込みの 金額ですか？

5) 죄송해요. 잔돈이 없네요.

[스미마셍, 코제니가 나이데스네]

すみません、小銭が ないですね。

6) 오천엔 지폐를 잔돈으로 바꾸어 주실 수 있나요?

[고센엔 사쯔오 쿠즈시떼 모라에 마스까?]

5,000円札を 崩して もらえますか？

정종

저는
니혼슈에요!

'정종'은 일본전통주인 청주의 브랜드 중에 하나예요. 일본어로는 '마사무네'라고 해요. 이 '마사무네'라는 브랜드의 술이 우리나라에 널리 퍼지면서, 일본 술은 모두 '정종'이라는 인식이 퍼진 거예요. 마치 '봉고'차나 '스카치테이프' 같은 경우인 거죠.

일본 술은 일본어로는 니혼슈라고 해요. 니혼슈는 재료비율과 제조법에 따라 다양한 종류가 있으니, 본인의 입맛에 맞는 니혼슈를 찾는 것도 재미있어요.

七

쇼핑 & 상점에서

一 물건 찾기 & 고르기

어서오세요. 뭘 찾으세요?
[이랏샤이마세, 나니오 오사가시 데쇼-까?]
いらっしゃいませ、
何を お探しでしょうか？

부모님 선물을 추천해 주세요.
[료-싱에노 오미야게 난데스가,
오스스메와 아리마스까?]
両親への お土産 なんですが、
お勧めは ありますか？

뭘 찾으세요?
[나니오 오사가시 데스까?]
何を お探しですか？

이거 보여 주세요.
[코레오 미세떼 쿠다사이]
これを 見せて ください。

추천해 주세요.
[오스스메와 도레데스까?]
お勧めは どれですか？

이 것은 어떠세요?
[코찌라와 이까가데스까?]
こちらは いかがですか？

좋은데요. 그걸로 할게요.
[이이데스네, 소레니 시마스]
いいですね、それに します。

이거 입어봐도 될까요?
[코레 시짜꾸 데끼마스까?]
これ 試着 できますか？

네, 피팅룸은 이쪽입니다.
[하이, 시짜꾸시쯔와 코찌라데스]
はい、試着室は こちらです。

사이즈는 어떠세요?
[사이즈와 이까가데스까?]
サイズは いかがですか？

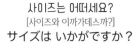

L 사이즈 있나요?
[에루 사이즈 아리마스까?]
エルサイズ ありますか？

조금 작네요.
[스꼬시 찌-사이데스네]
少し 小さいですね。

좀 더 큰 사이즈를 가져오겠습니다.
[못또 오-키- 사이즈오 오모찌 시마스]
もっと 大きい サイズを お持ちします。

다른 색은 없나요?
[호까노 이로와 아리마셍까?]
他の 色は ありませんか？

검정과 흰색이 있습니다.
[쿠로또 시로가 아리마스]
黒と 白が あります。

어떤 색이 좋으세요?
[돈나 이로가 요로시-데스까?]
どんな 色が よろしいですか？

빨간색으로 할게요.
[아까이로니 시마스]
赤色に します。

이거 신어봐도 될까요?
[코레 하이떼 미떼모 이이데스까?]
これ、履いて みても いいですか？

네, 사이즈는 어떻게 되시나요?
[하이, 사이즈와 난데스까?]
はい、サイズは 何ですか？

220...

신어보니 어떠세요?
[사이즈야 하끼 코꼬찌 나도와 이까가 데스까?]
サイズや 履き心地などは
いかがですか？

마음에 드네요. 다른 색도 있나요?
[이이데스네, 호까노 이로모 아리마스까?]
いいですね、他の 色も ありますか？

같은 종류로 갈색이 있습니다.
[오나지 슈루이데 챠이로가 고자이마스]
同じ 種類で 茶色が ございます。

스킨과 로션을 추천해 주세요.
[오스스메노 케쇼-스이 또 뉴-에끼와 난데스까?]
お勧めの 化粧水と 乳液は 何ですか？

촉촉한 타입과
산뜻한 타입이 있습니다만.
[싯또리 타이푸 또 삽빠리 타이푸가 아리마스가]
しっとり タイプと
さっぱり タイプが ありますが。

피부타입이 어떻게 되세요?
[나니 하다 데스까?]
なに 肌ですか？

건성피부예요.
[칸소-하다 데스]
乾燥肌です。

발라봐도 될까요?
[눗떼 미떼모 이이데스까?]
塗って みても いいですか？

네, 그러세요.
[하이, 도-조]
はい、どうぞ。

두통약 있나요?
[즈쯔-노 쿠스리 아리마스까?]
頭痛の薬 ありますか？

네, 이쪽입니다.
[하이 코찌라데스]
はい、こちらです。

과음(숙취)에 듣는 약 주세요.
[노미스기니 키꾸 쿠스리오 쿠다사이]
飲みすぎに 効く 薬を ください。

네, 이게 잘 듣습니다.
[하이, 코레가 요꾸 키끼마스]
はい、これが よく 効きます。

노트북을 보고 싶은데요.
[노-또 파소꼼가 미따이 데스가]
ノートパソコンが 見たいですが。

3층에 전시되어 있습니다.
[노-또 파소꼼 나라 상가이데스]
ノートパソコンなら 3階です。

한국에서도 사용할 수 있나요?
[캉꼬꾸데모 츠까에 마스까?]
韓国でも 使えますか？

네, 물론입니다.
[하이 모찌롱데스]
はい、もちろんです。

이거 세일해요?
[코레 세-루힝 데스까?]
これ、セール品 ですか？

이건 세일 품목이 아닙니다.
[코레와 세-루 죠가이힝 데스]
これは セール除外品です。

1) [ ] 선물을 추천해 주세요.

친구 선물을 추천해 주세요.

[토모다찌에노 오미야게 난데스가, 오스스메와 아리마스까?]

ともだち　みやげ　　　　　　　　すす
友達への　お土産　なんですが、お勧めは　ありますか？

활용단어

여자친구

[카노죠]

かのじょ
彼女

2) [ ] 보여 주세요.

그거 보여 주세요.

[소레오 미세떼 쿠다사이]

　　　　み
それを　見せて　ください。

활용단어

저거	이거랑 같은 거
[아레]	[코레또 오나지노]
あれ	おな **これと　同じの**

3) 조금 [ ] 네요.

조금 크네요.

[스꼬시 오-키-데스네]

すこ　　おお
少し　大きいですね。

4) [ ] 사이즈 있나요?

M 사이즈 있나요?

[에므 사이즈 아리마스까?]

エムサイズ　ありますか？

활용단어

S

[에스]

エス

5) [ ] 으로 할게요.

노란색으로 할게요.

[키이로니 시마스]

きいろ
黄色に　します。

활용단어

흰색

[시로 이로]

しろいろ
白色

6) [　] 피부예요.

민감성 피부예요.

[빙칸 하다데스]

びんかんはだ
敏感肌です。

> **활용단어**
> 지성
> [아부라쇼-]
> あぶらしょう
> **脂性**

7) [　]을 추천해주세요.

썬크림을 추천해주세요.

[오스스메노 히야께도메와 난데스까?]

すす　　　ひや　ど　　　なん
お勧めの　日焼け止めは　何ですか？

> **활용단어**
> 에센스
> [비요-에끼]
> びようえき
> **美容液**

8) [　] 있나요?

위약 있나요?

[이구스리 아리마스까?]

いぐすり
胃薬　ありますか？

> **활용단어**
> 안약
> [메구스리]
> めぐすり
> **目薬**

9) [　]에 듣는 약 주세요.

과식에 듣는 약 주세요.

[타베스기니 키꾸 쿠스리 쿠다사이]

た　　　　　き　くすり
食べすぎに　効く　薬を　ください。

10) [　]를 보고 싶은데요.

디지털 카메라를 보고 싶은데요.

[데지카메가 미따이 데스가]

み
デジカメが　見たいですが。

> **활용단어**
> 스마트폰
> [스마호]
> **スマホ**

1) 색상은 흰색밖에 없습니다.

[이로와 시로노미또 낫떼 오리마스]

色は 白のみと なって おります。

2) 마음에 드시면 신어 보는 게 어떠세요?

[타메시니 하이떼 미떼와 이까가 데쇼-까?]

試しに 履いて みては いかがでしょうか？

3) 마지막 한 벌입니다.

[사이고노 잇챠꾸데스]

最後の 一着です。

4) 프리 사이즈입니다.

[사이즈와 흐리-사이즈데스]

サイズは フリーサイズです。

5) 이 제품은
생산이 중단되어 절판되었습니다.

[코노 쇼-힝와 세-조-츄-시또 나리마시따]

この 商品は 製造中止と なりました。

6) 이 보증은 일본에서만 유효합니다.

[코노 호쇼-와 니혼데노미 유-꼬-또 나리마스]

この 保証は 日本でのみ 有効と なります。

7) 그냥 보는 거예요.

[타다. 미떼루 다께데스]

ただ 見てる だけです。

8) 이거, 새 물건 있나요?

[코레, 아따라시- 노 아리마스까?]

これ、新しいの ありますか？

마네키 네코

마네키는 '부르다' 라는 의미가 있고, 네코는 '고양이' 라는 뜻이에요. 즉, '행운을 부르는 고양이' 라는 뜻인데, 주로 장사하는 가게에 장식해서 사업번영을 기원하는 거예요. 재미있는 사실 하나는 오른손을 들고 있으면 '돈을 부르는 고양이'이고, 왼손을 들고 있으면 '손님을 부르는 고양이'라고 여겨져요.

그리고 원래는 하얀색고양이가 일반적이었는데, 요즘은 하얀색, 금색, 검정색 등 색깔도 다양하게 만들어지고 있어요. 행운을 비는 물건이다 보니, 매년 정월초하루에 새로 구입하기도 해요.

二 계산하기

비싸네요. 좀 싸게 해 주세요.
[타까이데스네, 촛또 마케떼 쿠다사이]
高いですね。
ちょっと まけて ください。

그건 어려워요.
[소레와 촛또 무즈까시- 데스네]
それは ちょっと 難しいですね。

이거 세금포함 가격인가요?
[코레, 제-꼬미데스까?]
これ、税込み ですか？

XL 105
¥8,200

아니요,
세금이 포함되지 않은 가격이에요.
[이이에, 제-누끼노 네당데스]
いいえ、税抜きの 値段です。

이걸로 주세요.
[코레니 시마스]
これに します。

네, 감사합니다.
[하이, 아리가또- 고자이마스]
はい、ありがとう ございます。

계산은 어디서 하나요?
[도꼬데 쇼-힝노
시하라이오 스레바 이이데스까?]
どこで 商品の
支払いを すれば いいですか？

계산대는 저쪽입니다.
[레지와 아찌라데스]
レジは あちらです。

면세 됩니까?
[멘제-와 데끼마스까?]
免税は できますか？

네, 가능합니다. 여권 있으세요?
[하이, 데끼마스,
파스포-또와 오모찌 데스까?]
はい、できます、
パスポートは お持ちですか？

면세는 얼마부터 되나요?
[멘제-와 이꾸라까라 데끼마스까?]
免税は いくらから できますか？

5,000엔 이상부터 면세가 가능합니다.
[고셍엔 이죠-데 멘제- 카노-데스]
5,000円 以上で 免税 可能です。

지불 수단은 어떻게 하시겠어요?
[오시하라이와?]
<ruby>支払<rt>しはら</rt></ruby>いは？
お支払いは？

현금으로요.
[겡낑데]
<ruby>現金<rt>げんきん</rt></ruby>で。

카드도 되나요?
[카-도 츠까에 마스까?]
カード <ruby>使<rt>つか</rt></ruby>えますか？

네, 됩니다.
[하이, 오쯔까이니 나레마스]
はい、お<ruby>使<rt>つか</rt></ruby>いに なれます。

카드 결제 시

확인하시고 여기에 사인해주세요.
[고까꾸닝노 우에,
코찌라니 사인 오네가이 시마스]
ご<ruby>確認<rt>かくにん</rt></ruby>の <ruby>上<rt>うえ</rt></ruby>、
こちらに サイン お<ruby>願<rt>ねが</rt></ruby>いします。

네.
[하이]
はい。

현금 결제 시

여기 잔돈이요.
[코찌라 오까에시 데스]
こちら お<ruby>返<rt>かえ</rt></ruby>しです。

아, 네.
[아, 하이]
あ、はい。

선물용이신가요,
고객님이 직접 사용하시나요?
[프레젠또 데스까? 고지따꾸요- 데스까?]
プレゼントですか？
ご自宅用ですか？

선물할 거예요. 선물포장 부탁 드립니다.
[프레젠또 데스,
프레젠또 요-니 호-소-시떼 쿠다사이]
プレゼントです、
プレゼントように 包装して ください。

영수증 드릴까요?
[레시-또와 이리마스까?]
レシートは いりますか？

네, 주세요.
[하이 쿠다사이]
はい、ください。

감사합니다.
[아리가또- 고자이마스]
ありがとう ございます。

또 오세요.
[마따 오꼬시 쿠다사이마세]
また、お越し くださいませ。

1) [   ]로 주세요.

그걸로 주세요.

[소레니 시마스]

それに します。

활용단어

저걸

[아레]

あれ

2) 계산대는 [   ]입니다.

계산대는 이쪽입니다.

[레지와 코찌라데스]

レジは こちらです。

이렇게도 쓸 수 있군요

1) 할인 쿠폰 있어요.

[와리비끼 쿠-퐁 아리마스]

<ruby>割引<rt>わりびき</rt></ruby> クーポン あります。

2) 현금만 받습니다.

[겡끼 노미노 타이오-니 낫떼 이마스]

<ruby>現金<rt>げんきん</rt></ruby> のみの <ruby>対応<rt>たいおう</rt></ruby>に なって います。

3) 죄송해요. 잔돈이 없네요.

[스미마셍, 코제니가 나이데스네]

すみません、<ruby>小銭<rt>こぜに</rt></ruby>が ないですね。

4) 아직 잔돈 못 받았어요.

[마다 오쯔리오 모랏떼 이마셍]

まだ お<ruby>釣<rt>つ</rt></ruby>りを もらって いません。

5) 영수증을 못 받았어요.

[레시-또오 모랏떼 이마셍]

レシートを もらって いません。

6) 따로따로 넣어주세요.

[베쯔베쯔니 츠쯘데 쿠다사이]

<ruby>別々<rt>べつべつ</rt></ruby>に <ruby>包<rt>つつ</rt></ruby>んで ください。

7) 계산이 안 맞아요.

[케-산가 아와나인 데스께도]

<ruby>計算<rt>けいさん</rt></ruby>が <ruby>合<rt>あ</rt></ruby>わないんですけど。

화폐 단위

일본은 우리나라와 마찬가지로 지폐와 동전 두 가지의 화폐가 있어요. 지폐는 1만엔, 5천엔, 2천엔, 1천엔 권으로 구성되어 있어요. 그리고 동전은 500엔, 100엔, 50엔, 10엔, 5엔, 1엔으로 구성되어 있고요. 이 중 지폐 2천엔 권은 한정수량으로 발행한 기념지폐라서 흔하지는 않아요. 그리고 일본 현지에서 만엔권으로 물건을 사도 편의점 등에서 거스름돈을 받는 것에는 크게 지장이 없으니, 편하게 환전해 가세요.

三 교환 & 환불하기

이거 교환하고 싶은데요.
[코레 코-캉 시따인 데스가]
これ 交換 したいんですが。

왜 그러시나요?
[도-까 나사이 마시따까?]
どうか なさいましたか？

사이즈가 안 맞아요.
[사이즈가 아와나인 데스]
サイズが 合わないんです。

영수증 갖고 계신가요?
[료-슈-쇼와 오모찌 데쇼-까?]
領収証 は お持ちでしょうか？

여기 영수증과 결제했던 카드입니다.
[코레 료-슈-쇼또
오시하라이노 토끼노 카-도데스]
これ 領収証 と
お支払いの 時の カードです。

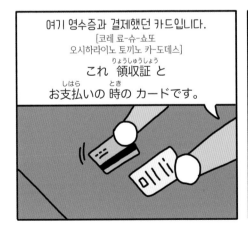

네, 확인해 보겠습니다.
[하이, 카꾸닝 이따시마스]
はい、確認 いたします。

이거 작은 걸로 바꿔 줄 수 있나요?
[코레 치-사이노니 카에떼 모라에 마스까?]
これ 小さいのに 替えて もらえますか？

네, 재고를 확인해 보겠습니다.
잠시만 기다려주세요.
[하이, 자이코노 카꾸닝오 이따시 마스노데,
쇼-쇼- 오마찌 쿠다사이]
はい、在庫の 確認を いたしますので、
少々 お待ち ください。

지금 그 사이즈는 상품이 없습니다만.
[타다이마, 소노 사이즈와
키라시떼 오리마스가]
只今 その サイズは
切らして おりますが。

그래요? 그럼 반품할게요.
[소-데스까? 쟈 헴삥시떼 쿠다사이]
そうですか？ じゃ 返品して ください。

이거 반품하고 싶은데요.
[코레 헴삥 시따이노 데스가]
これ 返品 したいのですが。

영수증 갖고 계신가요?
[료-슈-쇼와 오모찌 데쇼-까?]
領収証 は お持ちでしょうか？

지불하실 때 사용하신 신용카드를
주시겠어요?
[오시하라이노 크레짓또 카-도오
오모찌 데쇼-까?]
お<ruby>支払<rt>しばら</rt></ruby>いの クレジット カードを
お<ruby>持<rt>も</rt></ruby>ちでしょうか？

네, 여기요.
[하이]
はい。

죄송합니다.
이 제품은 반품이 안 되는 제품입니다.
[모-시와께 고자이마셍가,
코노 쇼-힝와 헴삥 데끼마셍]
<ruby>申<rt>もう</rt></ruby>し<ruby>訳<rt>わけ</rt></ruby> ございませんが、
この <ruby>商品<rt>しょうひん</rt></ruby>は <ruby>返品<rt>へんぴん</rt></ruby> できません。

아, 그런...
[아, 손나…]
あ、そんな…

이미 뜯은 상품은 반품이 어렵습니다.
[카이후-즈미노 쇼-힝와 헴삥 데끼마셍]
<ruby>開封済<rt>かいふうず</rt></ruby>みの <ruby>商品<rt>しょうひん</rt></ruby>は <ruby>返品<rt>へんぴん</rt></ruby>できません。

하지만 사용하지 않았어요.
[데모, 츠깟떼 이마셍요]
でも、<ruby>使<rt>つか</rt></ruby>って いませんよ。

죄송합니다.
[모-시와께 고자이마셍]
申し訳 ございません。

어쩔 수 없네요.
[시까따 나이 데스네]
仕方 ないですね。

이거 나중에 교환되나요?
[코레 아또데 코-깡 데끼마스까?]
これ 後で 交換 できますか？

네, 10일 이내에
영수증과 함께 가져오시면 가능합니다.
[하이, 토-까 이나이니 레시-또또
오모찌 이따다께레바 카노-데스]
はい、10日 以内に レシートと
お持ち いただければ 可能です。

감사합니다.
[아리가또- 고자이마스]
ありがとう ございます。

또 오세요.
[마따 오꼬시 쿠다사이마세]
また、お越し くださいませ。

1) 이거 [　]로 바꿔 줄 수 있나요?

이거 큰 걸로 바꿔 줄 수 있나요?

[코레 오-키-노니 카에떼 모라에 마스까?]

これ 大きいのに
替えて もらえますか？

활용단어

다른 색
[호까노 이로]
他の色

2) 지금 그 [　] 상품이 없습니다만.

지금 그 색상의 상품이 없습니다만.

[타다이마, 소노 이로와 키라시떼 오리마스가]

只今 その 色は
切らして おりますが。

3) 이거 나중에 [　] 되나요?

이거 나중에 반품 되나요?

[코레 아또데 헴삥 데끼마스까?]

これ 後で 返品 できますか？

4) 네, [　] 이내에 영수증과 함께 가져오시면 가능합니다.

네, 일주일 이내에 영수증과
함께 가져오시면 가능합니다.

[하이, 잇슈-깡 이나이니 레시-또또
오모찌 이따다 께레바 카노-데스]

はい、一週間 以内に レシートと
お持ち いただければ 可能です。

5) 죄송합니다. 이 제품은 [　]이 안 되는 제품입니다.

죄송합니다.
이 제품은 교환이 안 되는 제품입니다.

[모-시와께 고자이마셍가,
코노 쇼-힝와 코-깡 데끼마셍]

申し訳 ございませんが、
この 商品は 交換 できません。

1) 지금 같은 사이즈는 없습니다만.

[이마 오나지 사이즈오 키라시떼 오리마스가]

今 同じ サイズを 切らして おりますが。

2) 왜 교환하시려고요?

[도노요-나 리유-데 코-깡 나사이마스까?]

どのような 理由で 交換 なさいますか？

3) 고장 나 있어요.

[코와레떼 이마스]

壊れて います。

4) 마음에 안 들어요.

[키니 이리마셍]

気に 入りません。

5) 영수증을 못 받았어요.

[레시-또오 모랏떼 이마셍]

レシートを もらって いません。

6) 이미 포장을 뜯었어요.

[모- 아께떼 시마이 마시따가]

もう 開^あけて しまいましたが。

7) 계산이 안 맞아요.

[케-산가 아와나인 데스께도]

計算^{けいさん}が 合^あわないん ですけど。

8) 다시 한번 확인해 주세요.

[모- 이찌도 카꾸닝 시떼 쿠다사이]

もう 一度^{いちど} 確認^{かくにん}して ください。

八

긴급상황에서

분실 & 도난 대처하기

무슨 일이신가요?
[도-시마시따까?]
どうしましたか？

방에 있던 여권이 없어졌어요.
[헤야니 앗따 파스뽀-또가
나끄나리 마시따]
部屋に あった パスポートが
なくなりました。

언제요?
[이쯔데스까?]
いつですか？

모르겠어요. 방금 알았어요.
[와까리마셍, 삿끼 키즈끼 마시따]
分かりません。
さっき、気付きました。

큰일이네요.
먼저 경찰 서에 신고하는 게 좋아요.
[타이헨데스네, 마즈와 케-사쯔니
토도께따 호-가 이이데스요]
大変ですね、まずは 警察に
届けた 方がいいですよ。

경찰 서는 어디인가요?
[케-사쯔쇼와 도꼬데스까?]
警察署は どこですか？

한국 대사관에는 연락했나요?
[캉꼬꾸 타이시깡니와 렌라꾸 시마시따까?]
韓国大使館には 連絡しましたか？

아니에요. 아직이요.
[이이에, 마다데스]
いいえ、まだです。

여권을 잃어버렸어요.
[파스뽀-또오 나꾸시떼 시마이 마시따]
パスポートを
なくして しまいました。

이 도난신고서를 작성해 주세요.
[코노 토-난 토도께오 카이떼 쿠다사이]
この 盗難届を 書いて ください。

일본어를 할 줄 아나요? 영어는요?
[니홍고가 데끼마스까? 에-고와?]
日本語が できますか？ 英語は？

한국어 밖에 못해요.
[캉꼬꾸고 시까 데끼마셍]
韓国語しか できません。

그 다음은 어떻게 해야 하나요?
[소노 아또와 도-스레바 이이데스까?]
その 後は どうすれば いいですか？

한국 대사관에 가서 재발급 받으세요.
[캉꼬꾸 타이시깡니 잇떼
사이학꼬- 시떼 모랏떼 쿠다사이]
韓国大使館に 行って
再発行して もらって ください。

언제, 어디에서 도난당했나요?
[이쯔, 도꼬데 누스마레 마시따까?]
いつ、どこで 盗まれましたか？

오늘 아침, 전철 안에서요.
[케사, 덴샤노 나까 데스]
今朝、電車の 中です。

안에 뭐가 들어 있었나요?
[나까니와 나니가 아리마시따까?]
中には 何が ありましたか？

현금과 스마트폰이요.
[겡낑또 스마호데스]
現金と スマホです。

신용카드를 잃어버렸어요.
[크레짓또 카-도오 나끄시 마시따]
クレジットカードを なくしました。

카드는 바로 은행에 신고하세요.
[카-도와
스구 깅꼬-니 토도께떼 쿠다사이]
カードは
すぐ 銀行に 届けて ください。

지갑을 놓고 왔어요.
[사이후오 오끼와스레 마시따]
財布を 置き忘れました。

어디에요?
[도꼬니 데스까?]
どこにですか？

분실물은 없었는데요...
[오또시 모노와 아리마셍 데시따가…]
落し物は ありませんでしたが…

한 번 더 확인 부탁드려요.
[모-이찌도 카꾸닝시떼 모라에 마셍까?]
もう 一度 確認して もらえませんか？

혹시 찾게 되면 여기로 연락주세요.
[모시 미쯔깟따라
코꼬니 렌라꾸시떼 쿠다사이]
もし 見つかったら
ここに 連絡して ください。

네, 그럴게요.
[하이, 와까리마시따]
はい、分かりました。

1) [　]에 있던 여권이 없어졌어요.

테이블 위에 있던 여권이 없어졌어요.

[테-브루노 우에니 앗따
파스뽀-또가 나끄나리 마시따]

**テーブルの 上<small>うえ</small>に あった
パスポートが なくなりました。**

활용단어

가방 안	개인금고 안
[카방노 나까]	[코징 낑꼬노 나까]
かばんの中<small>なか</small>	個人金庫<small>こじんきんこ</small>の中<small>なか</small>

2) 방에 있던 [　]이 없어졌어요.

방에 있던 노트북이 없어졌어요.

[헤야니 앗따 노-또 파소꽁가
나끄나리 마시따]

**部屋<small>へや</small>に あった ノートパソコンが
なくなりました。**

활용단어

지갑
[사이후]
財布<small>さいふ</small>

3) [　]을 잃어버렸어요.

티켓을 잃어버렸어요.

[치켓또오 나꾸시떼 시마이 마시따]

チケットを なくして しまいました。

활용단어

가방
[카방]
かばん

4) [　]을 놓고 왔어요.

외투를 놓고 왔어요.

[우와기오 오끼와스레 마시따]

上着<small>うわぎ</small>を 置<small>お</small>き忘<small>わす</small>れました。

활용단어

손수건	머플러
[항까치]	[마후라]
ハンカチ	マフラー

모자	장갑
[보-시]	[테부꾸로]
帽子<small>ぼうし</small>	手袋<small>てぶくろ</small>

1) 도난증명서를 발급받고 싶어요.

[토-난 쇼-메-쇼오 핫꼬- 시따이노 데스가]

とうなんしょうめいしょ　　　はっこう
盗難証明書を　発行　したいのですが。

2) 일본어를 못해요.

[니홍고가 데끼마셍]

にほんご
日本語が　できません。

3) 영어로 부탁드립니다.

[에-고데 오네가이 시마스]

えいご　　　　　ねが
英語で　お願いします。

4) 도와주세요.

[타스께떼 쿠다사이]

たす
助けて　ください。

5) 한국어 할 수 있는 사람 없나요?

[캉꼬꾸고가 데끼루 히또 이마셍까?]

かんこくご　　　　　　　ひと
韓国語が　できる　人　いませんか？

6) 천천히 말해 주세요.

[못또 육끄리 하나시떼 쿠다사이]

はな
もっと　ゆっくり　話して　ください。

213

7) 한국 대사관에 연락해 주세요.

[캉꼬꾸 타이시깐니 렌라꾸 시떼 쿠다사이]

かんこくたいしかん　　れんらく
韓国大使館に 連絡して ください。

8) 영사관과 연락을 하고 싶어요.

[료-지깐또 렌라꾸오 토리따인 데스가]

りょうじかん　　れんらく　　と
領事館と 連絡を 取りたいんですが。

9) 국제전화를 하고 싶은데요.

[콕사이뎅와오 카께따인 데스가]

こくさいでんわ
国際電話を かけたいんですが。

10) 택시에 가방을 두고 내렸어요.

[탁시-니 카방오 오이떼 오리마시따]

タクシーに かばんを おいて おりました。

행정구역

일본의 행정구역은 우리와 다르게 '도도부현(都道府県)'의 체계로 이루어져 있어요. 먼저 1도(都)로 도쿄도가 있고, 1도(道)의 홋카이도가 있어요. 그리고 부(府)로는 교토부와 오사카부로 2개 부가 있어요. 현(県)은 43개의 현이 있고, 아오모리현, 오키나와현, 가고시마현, 시즈오카현 등이 있어요. 다시 정리해보자면, 1도-1도-2부-43현이에요. 이러한 체계는 1970년대부터 확정되어, 지금까지 이어지고 있어요.

二 사건 & 사고 대처하기

무슨 일인가요?
[도-시마시따까?]
どうしましたか？

교통사고예요!
[코-쯔-지꼬 데스요]
交通事故ですよ！

괜찮아요?
[다이죠-부 데스까?]
大丈夫ですか？

구급차를 불러주세요.
[큐-큐-샤오 욘데 쿠다사이]
救急車を 呼んで ください。

피하세요. 지진이에요.
[니게떼 쿠다사이, 지신데스요]
逃げて ください、地震です。

큰일이네요. 대피소가 어디인가요?
[타이헨데스네, 히난죠와 도꼬데스까?]
大変ですね、避難所は どこですか？

한국 대사관과 연락을 취하고 싶어요.
[캉꼬꾸 타이시깡또
렌라꾸오 토리따인 데스가]
かんこくたいしかん
韓国大使館と
れんらく　と
連絡を 取りたいんですが。

전화기는 이쪽이에요.
[뎅와와 코찌라데스]
でんわ
電話は こちらです。

도와 주세요. 날치기예요.
[타스께떼 쿠다사이, 힛따꾸리데스]
たす
助けて ください、ひったくりです。

경찰을 부를게요.
[햐꾸토-방 시마스네]
ひゃくとおばん
110番 しますね。

충전을 좀 하고 싶은데요.
[쥬-뎅 시따인데스가]
じゅうでん
充電したいんですが。

여기에서 하세요.
[코찌라데 도-조]
こちらで どうぞ。

일본어를 할 줄 아나요? 영어는요?
[니홍고가 데끼마스까? 에-고와?]
日本語が できますか？ 英語は？

한국어 밖에 못해요.
[캉꼬꾸고 시까 데끼마셍]
韓国語しか できません。

아이를 잃어버렸어요.
[코도모가 마이고니 나리마시따]
子供が 迷子に なりました。

어디에서요? 몇 살인가요?
[도꼬데 데스까? 넨레-와?]
どこでですか？ 年齢は？

1) [　]예요.

사고예요.
[지꼬데스요]
<ruby>事故<rt>じこ</rt></ruby>ですよ。

활용단어

환자
[뵤-닝]
<ruby>病人<rt>びょうにん</rt></ruby>

2) [　]을 불러주세요.

경찰을 불러주세요.
[케-사쯔오 욘데 쿠다사이]
<ruby>警察<rt>けいさつ</rt></ruby>を <ruby>呼<rt>よ</rt></ruby>んで ください。

활용단어

도와줄 사람
[타스께]
<ruby>助<rt>たす</rt></ruby>け

3) 피하세요. [　]이에요.

피하세요. 해일이에요.
[니게떼 쿠다사이, 츠나미데스요]
<ruby>逃<rt>に</rt></ruby>げて ください、<ruby>津波<rt>つなみ</rt></ruby>ですよ。

활용단어

홍수
[코-즈이]
<ruby>洪水<rt>こうずい</rt></ruby>

화재
[카지]
<ruby>火事<rt>かじ</rt></ruby>

4) [　]과 연락을 취하고 싶어요.

가족과 연락을 취하고 싶어요.
[카조꾸또 렌라꾸오 토리따인 데스가]
<ruby>家族<rt>かぞく</rt></ruby>と <ruby>連絡<rt>れんらく</rt></ruby>を <ruby>取<rt>と</rt></ruby>りたいんですが。

활용단어

변호사
[벵고시]
<ruby>弁護士<rt>べんごし</rt></ruby>

회사 사람
[카이샤노 히또]
<ruby>会社<rt>かいしゃ</rt></ruby>の<ruby>人<rt>ひと</rt></ruby>

친구
[토모다찌]
<ruby>友達<rt>ともだち</rt></ruby>

5) 도와 주세요. [　]예요.

도와 주세요. 강도예요.
[타스께떼 쿠다사이, 고-또-데스]
<ruby>助<rt>たす</rt></ruby>けて ください、<ruby>強盗<rt>ごうとう</rt></ruby>です。

활용단어

소매치기
[스리]
<ruby>掏<rt>す</rt></ruby>り

도둑
[도로보-]
<ruby>泥棒<rt>どろぼう</rt></ruby>

뺑소니
[히끼니게]
ひき<ruby>逃<rt>に</rt></ruby>げ

치한
[치깡]
<ruby>痴漢<rt>ちかん</rt></ruby>

1) 지금은 전화를 사용할 수 없어요.

[이마와 뎅와가 츠까에마셍]

今は 電話が 使えません。

2) 지금은 전기를 사용할 수 없어요.

[이마와 뎅겡가 츠까에마셍]

今は 電源が 使えません。

3) 전화 좀 빌릴 수 있을까요?

[춋또 뎅와 카리떼모 이이데스까?]

ちょっと 電話 借りても いいですか？

4) 차에 치였어요.

[쿠루마니 히까레마시따]

車に ひかれました。

5) 미아가 되었어요.

[마이고니 나리마시따]

まいご
迷子に なりました。

6) 미아를 보호하고 있습니다.
보호자는 바로 안내 데스크로 와 주세요.

[마이고노 오꼬사마오 오아즈까리 시떼 이마스,

오쯔레 사마와 시큐- 사-비스 카운타- 마데 오코시 쿠다사이]

まいご　　　　こさま　　　　あず
迷子の お子様を お預かり して います、
つ　さま　　しきゅう　　　　　　　　　　　　こ
お連れ様は 至急 サービス カウンター まで お越し ください。

란도셀

일본의 초등학생들이 약속이라도 한 듯이 란도셀이라는 가죽 가방을 사용하는 것에는 몇 가지 이유가 있어요. 그 이유는 모두 안전에 관한 것이에요. 첫 번째로 아이들이 물에 빠졌을 때 부력을 발휘하는 란도셀을 이용해서 사고를 방지하기 위한 것이에요. 두 번째는 뒤로 넘어졌을 때, 충격을 흡수할 수 있게 하는 것도 이유 중에 하나예요. 그리고 지진이나 사고 등에 대비해서 머리를 보호할 수 있는 보호도구로도 사용돼요. 알고 보니 생각보다 실용적인 가방이죠?! 게다가 한번 사면 6년을 꼬박 사용하고도 동생, 후배에게 물려줄 수 있을 정도로 튼튼하다고 하네요.

3 병원 & 약국 이용

병원은 어디인가요?
[뵤-잉와 도꾜데스까?]
病院は どこですか？

머리가 아파요.
[아따마가 이따이데스]
頭が 痛いです。

여기가 따가워요.
[코꼬가 히리히리시마스]
ここが ひりひりします。

저는 고혈압입니다.
[와따시와 코-께쯔아쯔 데스]
私は 高血圧です。

열이 있어요.
[네쯔가 아리마스]
熱が あります。

구역질을 해요.
[하끼께가 시마스]
吐き気が します。

다쳤어요.
[케가오 시마시따]
怪我を しました。

발을 삐었어요.
[아시오 쿠지끼마시따]
足を くじきました。

검사할게요.
[켄사시마스]
検査します。

입원해야 합니다.
[뉴-잉가 히쯔요-데스]
入院が 必要です。

감기약을 주세요.
[카제 구스리오 쿠다사이]
風邪薬を ください。

복용중인 약이 있나요?
[이마 논데이루 오쿠스리와 아리마스까?]
今 飲んでいる お薬は ありますか？

고혈압 약을 먹고 있어요.
[코-께쯔아쯔노 쿠스리오 논데 이마스]
高血圧の 薬を 飲んで います。

1일 3번 복용하세요.
[이찌니찌 상까이 논데 쿠다사이]
1日 3回 飲んで ください。

1) [　]은 어디인가요?

약국은 어디인가요?

[약쿄꾸와 도꼬데스까?]

<ruby>薬局<rt>やっきょく</rt></ruby>は　どこですか？

활용단어

응급병원

[큐-큐-뵤-잉]

<ruby>救急病院<rt>きゅうきゅうびょういん</rt></ruby>

2) [　]가 아파요.

배가 아파요.

[오나까가 이따이데스]

<ruby>お腹<rt>なか</rt></ruby>が　<ruby>痛<rt>いた</rt></ruby>いです。

활용단어

이　　　　등

[하]　　[세나카]

<ruby>歯<rt>は</rt></ruby>　　<ruby>背中<rt>せなか</rt></ruby>

3) 여기가 [　]해요.

여기가 가려워요.

[코꼬가 카유이데스]

ここが　かゆいです。

활용단어

저려요

[시비레마스]

しびれます

4) 저는 [　]입니다.

저는 당뇨병입니다.

[와따시와 토-뇨-뵤- 데스]

<ruby>私<rt>わたし</rt></ruby>は　<ruby>糖尿病<rt>とうにょうびょう</rt></ruby>です。

활용단어

천식　　　　알레르기 체질

[젠소꾸]　　[아레루기- 타이시쯔]

<ruby>喘息<rt>ぜんそく</rt></ruby>　　アレルギー<ruby>体質<rt>たいしつ</rt></ruby>

5) [　]해요.

설사를 해요.

[게리오 시마스]

<ruby>下痢<rt>げり</rt></ruby>を　します。

활용단어

속이 거북　　　　속이 울렁(거려요)

[무네야께가]　　[무네가 무까무까]

<ruby>胸<rt>むね</rt></ruby>やけが　　<ruby>胸<rt>むね</rt></ruby>が　むかむか

6) [　]을 입었어요(했어요).

화상을 입었어요.
[야께도오 시마시따]
やけどを しました。

활용단어

접질림	골절
[넨자]	[콧세쯔]
ねんざ	こっせつ
捻挫	骨折

7) [　]놓을게요(할게요).

주사 놓을게요.
[츄-샤 시마스]
ちゅうしゃ
注射 します。

8) [　]을 해야 해요.

수술을 해야 해요.
[슈쥬쯔가 히쯔요-데스]
しゅじゅつ　　ひつよう
手術が 必要です。

활용단어

엑스레이
[렌토겐]
レントゲン

9) [　]을 주세요.

두통약을 주세요.
[즈쯔-야꾸오 쿠다사이]
ずつうやく
頭痛薬を ください。

활용단어

멀미약
[요이도메]
よ　ど
酔い止め

10) 1일 [　] 복용하세요.

1일 2회 복용하세요.
[이찌니찌 니까이 논데 쿠다사이]
にち　かい　の
1日 2回 飲んで ください。

활용단어

1회
[익까이]
いっかい
一回

**1) 이곳에서
가장 가까운 약국이 어디예요?**

[코꼬까라 이찌방 치까이
약꾜꾸와 도꼬데스까?]

ここから 一番 近い
薬局は どこですか？

2) 몸 상태가 이상합니다.

[카라다노 쵸-시가 오까시- 데스]

体の 調子が おかしいです。

3) 갑자기 배가 아파졌어요.

[큐-니 오나까가 이따꾸 나리마시따]

急に お腹が 痛く なりました。

4) 병원에 데려가 주세요.

[뵤-잉니 츠레떼 잇떼 쿠다사이]

病院に 連れて 行って ください。

5) 여행자 보험에 가입했어요.

[료꼬-샤 호켕니 하잇떼 이마스]

旅行者保険に 入って います。

6) 몸 관리 잘하세요.

[오다이지니]

お大事に。

부록

실전용 골프 여행 회화

몇 시 티오프인가요?
[난지노 티-오흐데스까?]
何時の ティーオフですか？

안녕하세요.
[오하요-고자이마스]
おはようございます。

오늘 같이 도는 캐디분이신가요?
[쿄- 잇쇼니 마와루 캬디-상데스까?]
今日 一緒に 回る キャディーさんですか？

저는 마구로센세라고 합니다.
마구로라고 불러주세요.
[와따시노 나마에와 마구로센세-데스
마구로또 욘데 쿠다사이]
私の 名前は マグロ先生です。
マグロと 呼んでください。

처음 뵙겠습니다. 마구로센세님.
[하지메마시떼, 마구로센세-사마]
はじめまして、マグロ先生様。

오늘 컨디션 어떠신가요?
[쿄-와 이까가데스까?]
今日は いかがですか？

좋아요. 감사합니다.
[이이데스요. 아리가또-고자이마스]
良いですよ、ありがとうございます。

오늘 하루 잘 부탁드립니다.
[쿄- 이찌니찌 요로시꾸 오네가이시마스]
今日 一日 よろしく お願いいたします。

즐거운 라운드가 됐으면 좋겠네요!
[요이 라운도니 나리마스요-니!]
良い ラウンドに なりますように！

제가 오너니까 먼저 치겠습니다.
[와따시가 오나-다까라 사이쇼니 우찌마스네]
私が オナーだから 最初に 打ちますね。

나이스샷!
[나이스숏또!]
ナイスショット！

굉장한 샷이네요!
[스고이숏또!]
すごいショット！

엄청 나갔네요!
[스고끄 토비마시따네!]
すごく 飛びましたね！

250야드 나갔어요.
[니햐끄고쥬-야-도 토비마시따요!]
250ヤード 飛びましたよ！

233

플레이 중　プレー中

몇 야드 남았나요?
[노꼬리 난야-도 데스까?]
のこ　　なん
残り 何ヤードですか？

120야드 남았어요.
[노꼬리 햐끄니쥬-야-도데스]
のこ
残り 120ヤードです。

어쩌다 잘 나간 거예요.
[타마타마데스요]
たまたまですよ。

제 차례예요.
[와따시노반 데스]
わたし　　ばん
私の番です。

슬라이스나서 오비예요.
[스라이스시떼 오-비-데스요…]
スライスして OBですよ…

234

분위기 좋은데요. (유리한 상황이네요)

[오이카제가 후이떼이마스네]

追い風が 吹いていますね。

이 홀은 좀 어려우니까 살살 가시죠!

[코노호-루와 무즈까시-까라 키라끄니 이끼마쇼-!]

このホールは 難しいから 気楽に いきましょう！

온인가요?

[노리마시따까?]

乗りましたか？

올라갔어요! 나이스샷!

[노리마시따요! 나이스슛또!]

乗りましたよ！ ナイスショット！

볼 위치가 좋네요.

[보-루가 이이토꼬로니 아리마스네]

ボールが いい所に ありますね。

다시 해도 될까요?
[야리나오시떼모 이이데스까?]
やり<ruby>直<rt>なお</rt></ruby>しても　いいですか？

아깝네요.
[오시-데스네]
<ruby>惜<rt>お</rt></ruby>しいですね。

236

즐거운 게임이었어요.

[요깟따데스네!]

_よ
良かったですね！

마구로센세님과 함께
칠 수 있어서 재밌었어요.

[마구로센세-사마또 잇쇼니
고루후가 데끼떼 타노시깟따데스]

せんせいさま　　　いっしょ
マグロ先生様と　一緒に
　　　　　　　たの
ゴルフができて　楽しかったです。

저야말로 즐거웠습니다.

[코찌라코소!]

こちらこそ！

스코어는 어때요?

[스코아와 이까가데스까?]

スコアは　いかがですか？

저는 85타 나왔어요.

[와따시와 하찌쥬-고데 마와리마시따]

私は 85で 回りました。

저는 3오버로 끝냈어요.

[와따시와 상오-바-데 오와리마시따]

私は 3オーバーで 終わりました。

마구로셴세님은 어프로치가 좋으니까
금방 나아질 거예요.

[마구로셴세-사마와 아프로-치가 토꾸이다까라
스그니 우마끄 나리마스요]

マグロ先生様は アプローチが 得意だから
すぐに 上手くなりますよ！

일본 골프 여행이 대세인 이유

필리핀, 태국, 베트남 등 주로 동남아 국가로 골프 여행을 떠났던 한국의 골프 마니아들이 이제는 새로운 골프 여행지로 일본을 찾고 있어요. 코로나 엔데믹에, 엔화 약세 등이 겹치며, 상대적으로 거리가 가까운 일본이 대세 골프 여행지로 떠오른 것인데요.

비행시간이 짧아 오전에 출발하기만 하면 당일에 바로 라운딩을 할 수 있다는 것도 매력적이고, 전반적으로 코스가 훌륭히 잘 관리되어 있으며, 비용까지 합리적이라는 장점이 있습니다. 물론 골프장마다 다르지만, 주중 평균 이용료를 기준으로 하면 대체적으로 한국보다 절반 가까이 저렴하다고 하네요.

특히 일본에서도 골프 여행지로 가장 손꼽히는 곳은 규슈 지역입니다. 규슈 중에서도 남단에 위치한 가고시마, 구마모토, 야마구치, 미야자키 등이 골프 애호가들의 사랑을 듬뿍 받고 있는데요. 이 도시들에서는 온천 여행까지 함께 즐길 수 있어서 한국 방문객들의 선호도가 높습니다.

마구로센세의

여행 일본어
마스터

초판 1쇄 펴낸 날 | 2023년 4월 14일
초판 2쇄 펴낸 날 | 2023년 9월 8일

지은이 | 최유리, 나인완
펴낸이 | 홍정우
펴낸곳 | 브레인스토어

책임편집 | 김다니엘
편집진행 | 홍주미, 박혜림
디자인 | 이예슬
마케팅 | 방경희

주소 | (04035) 서울특별시 마포구 양화로 7안길 31(서교동, 1층)
전화 | (02)3275-2915~7
팩스 | (02)3275-2918
이메일 | brainstore@chol.com
블로그 | https://blog.naver.com/brain_store
페이스북 | https://www.facebook.com/brainstorebooks
인스타그램 | https://instagram.com/brainstore_publishing

등록 | 2007년 11월 30일(제313-2007-000238호)

ⓒ 브레인스토어, 최유리, 나인완, 2023
ISBN 979-11-6978-007-0 (03730)

* 이 책은 저작권법에 따라 보호받는 저작물이므로 무단전재와 무단복제를 금하며, 이 책 내용의
전부 또는 일부를 이용하려면 반드시 저작권자와 브레인스토어의 서면 동의를 받아야 합니다.